FRANCISCO DE ASSIS

Dados Internacionais de Catalogação na Publicação (CIP)
(Câmara Brasileira do Livro, SP, Brasil)

Fusarelli, Massimo
  Francisco de Assis : uma vida inquieta / Massimo Fusarelli ; tradução de Gentil Avelino Titton ; prefácio de Felice Accrocca ; posfácio do Pierbattista Pizzaballa OFM. – Petrópolis, RJ : Vozes, 2024.

  Título original: Francesco d'Assisi.
  ISBN 978-85-326-6948-3

  1. Cristianismo 2. Francisco de Assis, Santo, 1181 ou 2-1226 3. Santos cristãos – Itália – Biografia I. Accrocca, Felice. III. Pierbattista Pizzaballa OFM. IV. Título.

24-220758   CDD-282.092

Índices para catálogo sistemático:
1. Francisco de Assis, Santo : Vida e obra 282.092
Tábata Alves da Silva – Bibliotecária – CRB-8/9253

FREI MASSIMO FUSARELLI

FRANCISCO DE ASSIS
Uma vida inquieta

Prefácio de Dom Felice Accrocca
Posfácio do Cardeal Pierbattista Pizzaballa, OFM
Tradução de Gentil Avelino Titton

© 2024 Mondadori Libri S.p.A., originalmente publicada por BUR, Milão, Itália

Tradução do original em italiano intitulado *Francesco d'Assisi – Una vita inquieta*.

Direitos de publicação em língua portuguesa – Brasil:
2024, Editora Vozes Ltda.
Rua Frei Luís, 100
25689-900 Petrópolis, RJ
www.vozes.com.br
Brasil

Todos os direitos reservados. Nenhuma parte desta obra poderá ser reproduzida ou transmitida por qualquer forma e/ou quaisquer meios (eletrônico ou mecânico, incluindo fotocópia e gravação) ou arquivada em qualquer sistema ou banco de dados sem permissão escrita da editora.

CONSELHO EDITORIAL	**PRODUÇÃO EDITORIAL**
Diretor	Aline L.R. de Barros
Volney J. Berkenbrock	Marcelo Telles
	Mirela de Oliveira
Editores	Natália França
Aline dos Santos Carneiro	Otaviano M. Cunha
Edrian Josué Pasini	Priscilla A.F. Alves
MarilacLoraineOleniki	Rafael de Oliveira
WelderLancieri Marchini	Samuel Rezende
	Vanessa Luz
Conselheiros	Verônica M. Guedes
Elói Dionísio Piva	
Francisco Morás	
Gilberto Gonçalves Garcia	
Ludovico Garmus	
Teobaldo Heidemann	

Secretário executivo
Leonardo A.R.T. dos Santos

Diagramação: Littera – Comunicação e Design
Revisão gráfica: Heloísa Brown
Capa: Larissa Sugahara

ISBN 978-85-326-6948-3 (Brasil)
ISBN 978-88-17-18485-4 (Itália)

Este livro foi composto e impresso pela Editora Vozes Ltda.

Sumário

Prefácio – O homem Francisco, 7

Capítulo 1 – Um difícil início, 15
Capítulo 2 – "Quando eu estava em pecados", 27
Capítulo 3 – Misericórdia e penitência, 57
Capítulo 4 – "Ninguém me mostrava o que eu devia fazer", 93
Capítulo 5 – "Viver de acordo com o santo Evangelho", 121
Capítulo 6 – Enviados ao mundo, 163
Capítulo 7 – Uma Ordem em crescimento, 203
Capítulo 8 – A caminho da Páscoa, 243

Posfácio – O desejo da paz, 267
Agradecimentos, 273
Bibliografia essencial, 275

Prefácio

O homem Francisco

No castelo do bandido terrível, a ágil pena do magnífico prosador que foi Alessandro Manzoni ambienta uma das cenas mais intensas e dramáticas do seu romance, precursora de perguntas e inquietações, de temores e esperanças. Quase ao alvorecer, quando Lúcia acabara de adormecer e o Inominado ainda estava dominado pela dúvidas, este último, "estando assim sentado imóvel, sentiu chegar ao seu ouvido uma espécie de onda sonora não claramente expressa, mas que tinha, no entanto, um não-sei-quê de jubiloso"; por fim reconheceu um "longínquo repicar festivo de sinos", cuja causa ficou sabendo depois: havia chegado ao povoado o Cardeal Frederico Borromeu, arcebispo de Milão, e iria permanecer ali o dia inteiro; aquela notícia havia movimentado também muitas pessoas dos povoados vizinhos, que acorriam para encontrar-se com o arcebispo. O Inominado, devorado pelos próprios pensamentos, "continuou a contemplar o vale, ainda mais pensativo. 'Por um homem! Todos alvoroçados, todos alegres, para ver um homem!'"

Algo semelhante contava Tomás de Celano, o biógrafo de São Francisco de Assis, em seu primeiro trabalho hagiográfico: "Entrando ele em alguma cidade, alegrava-se o clero, tocavam-se os sinos, exultavam os homens, rejubilavam-se as mulheres, aplaudiam os meninos e, muitas vezes, tendo tomado ramos das árvores, iam ao encontro dele, cantando salmos"[1]. Entretanto, se, como observava justamente o Inominado, aquele cardeal para o qual os sinos tocavam festivamente não era senão um homem idêntico a todos os outros, também Francisco era, ou melhor – de acordo com frei Masseo – não era nem mesmo um "homem belo de corpo"[2], e sabemos muito bem como, nestas coisas, os olhos também querem sua parte.

O próprio Tomás de Celano não teve escrúpulos ao descrever seu santo como qualquer outra criatura: "Estatura mediana, mais para pequena, cabeça média e redonda, face um pouco oval e alongada, fronte plana e curta, olhos de tamanho médio, negros e simples, cabelos escuros, supercílios retos, nariz proporcional, fino e reto, orelhas eretas, mas pequenas, têmporas planas, língua confortadora, abrasadora e penetrante, voz forte e suave, clara e sonora, dentes unidos, iguais e brancos, lábios pequenos e finos, barba negra, não plenamente cerrada, pescoço fino, ombros retos, braços curtos, mãos magras, dedos longos, unhas compridas, pernas delgadas, pés pequenos, pele fina, muito magro, veste áspera, sono brevíssimo, mão sobremaneira generosa"[3]. Uma

---

[1] Tomás de CELANO. *Primeira vida*, livro I, cap. XXII, 62, em *Fontes franciscanas e clarianas*. Petrópolis/Brasília: Editora Vozes & CFFB, 2023, p. 189s. Doravante FFC.

[2] *I Fioretti*, cap. 10; FFC, p. 1092.

[3] Tomás de CELANO. *Primeira vida*, livro I, cap. XXIX, 83; FFC, p. 189.

descrição um tanto detalhada e verídica, como revela a alusão à estatura medíocre e pequena, em aberto contraste com o *topos* do herói belo e alto que predominava na hagiografia e nas descrições dos grandes protagonistas da história. Entretanto, querendo ou não, continuamos a sentir o fascínio daquele homem pequeno e moreno, com orelhas pequenas e nariz pontudo.

Assim pensa Massimo Fusarelli, que – seguindo o exemplo do santo de Assis – optou por seguir as pegadas de Cristo e professar a Regra de vida composta por Francisco e seus frades, confirmada por Honório III em 1223. Também ele – parece-me evidente – nota o fascínio daquele homem que, vivendo "em pecados", a certa altura de sua vida, num momento de fragilidade, topou com a dor dos homens e, fazendo "misericórdia" com os que haviam sido devastados pela dor, inverteu os próprios critérios de valor e julgamento a ponto de sair "do mundo" e entregar a vida a Deus e aos irmãos[4]. "A meta do seu caminho", escreve Fusarelli, "se apresenta a Francisco como algo que não é um lugar, nem um santuário, e nem mesmo o recinto de um leprosário, mas a vida. Não a sua vida anterior, incrementada pelos desejos de glória subjetivos, mas aquela que finalmente ele tocou com a mão, a dos últimos, dos excluídos, onde toda rua parece sem saída. Para ele, pelo contrário, justamente ali começa o caminho".

Aquele sair não significou para Francisco afastar-se, fugir do mundo, mas – mesmo não mais compartilhando

---

[4] *Testamento*, 1-4; FFC p. 141.

os seus valores – imergir totalmente nele, contemplando-o com os olhos de Deus: é esta, parece-me, a chave de leitura adotada por Massimo Fusarelli para percorrer novamente a experiência do Assisiense, num livro que não é de narrativa e nem mesmo uma biografia histórica, embora não faltem elementos seja de um ou do outro gênero, e que se caracteriza antes como uma releitura pessoal nutrida nas fontes e na própria meditação.

Não é no *alter Christus*, o santo que acabou tornando-se inimitável – típico de tantas releituras que se seguiram desde o século XIII até o final do século XIX – que se concentra a sua atenção, mas no homem que – assinalado também no corpo pelas feridas do Salvador – segue seu Senhor até o fim, no total despojamento de si. Assim, no Alverne, "justamente enquanto contempla o seu Senhor, e não consegue descobrir o sentido daquilo que está vivendo, Francisco é visitado. A obra de Deus é vivida antes de ser pensada, é posta em prática antes de ser discutida. Agora Francisco chegou a uma prova de maturidade interior: precisa entregar também sua própria fé e oração, que ele não pode mais controlar". Fusarelli tampouco esquece as tensões a que Francisco foi submetido – e que nos últimos anos de vida aumentaram de intensidade – por causa dos conflitos que teve com seus próprios confrades.

De minha parte, sinto encontrar-me numa leitura semelhante, convencido como estou de que um santo só pode falar aos homens quando estes percebem que também ele foi participante de uma história comum e tocado pela fragilidade, que também ele teve seus limites de temperamento, como qualquer outra pessoa, antes de superá-los numa adesão total a Cristo e a seu mistério pascal de paixão-morte-ressurreição. Tomemos como exemplo a história familiar de Francisco: ele não provinha de uma família perfeita, mas de uma família qualquer, com seus problemas, como existem tantas; a mãe o amava mais que aos outros filhos[5]: a dureza mostrada pelo irmão em relação a ele nasceu então de um ciúme profundamente enraizado[6]. O pai tinha um caráter sanguíneo e prevaricador: diante da zombaria pública, agarrou o filho violentamente e o arrastou para casa, onde o trancou num ambiente escuro tentando dobrar-lhe a vontade, primeiro com palavras e depois com pancadas e cadeias[7]; a mãe, ao invés, enquanto o pai estava ausente, libertou o filho de sua prisão, revelando dessa maneira um sentimento diverso do sentimento do marido: quando este voltou e se deu conta da situação, descarregou sua raiva na mulher, cuja cumplicidade viera claramente à luz[8]. Com certeza não se pode dizer que a família de Pedro Bernardone era uma família onde reinava a harmonia! Em suma, havia motivos para alguém ficar ferido, de maneira até profunda... Apesar disso Francisco, com a ajuda de Deus, se reconciliou com sua própria história – e, portanto, consigo mesmo e com os outros – e isto o transformou numa pessoa totalmente pacificada.

Não menos evidentes foram algumas asperezas de seu caráter, que em certos momentos acabavam fugindo ao seu

---

5 *Legenda dos três companheiros*, cap. III, 9; FFC, p. 577.
6 Id., VII, 23; FFC, p. 585.
7 Id., cap. VI, 17; FFC, p. 581s.
8 Ibid., 18; FFC, p. 582.

controle, de modo que os frades tinham medo dele. No entanto, aquele homem que, junto com um caráter não facilmente domável, tinha também muitos dotes naturais e um trato jovial e cortês, depois de conhecer – ou melhor, reconhecer – o seu Senhor, levou a sério o Evangelho e isto o transformou numa pessoa nova (também Tomas de Celano e Boaventura de Bagnoregio o caracterizam como "homem novo"[9]), capaz de surpreender e inquietar, capaz até de cantar diante da própria morte, uma "irmã diferente das outras", como – com expressão eficaz – a caracteriza Fusarelli, mas nem por isso menos familiar a ele do que as outras criaturas.

Só restituindo-o à sua humanidade, também sofrida e chagada, é que Francisco pode falar aos homens do nosso tempo; só restituindo-o à terra é que ele pode oferecer aos homens que a habitam um caminho possível de retorno a Deus. É o que Fusarelli procurou fazer: deste modo ele consegue propor aos leitores um retrato crível de um homem que se tornou santo e de um santo que soube falar não só aos homens, mas a todas as criaturas, porque todas as criaturas lhe falavam de Deus.

Estou convencido de que a leitura desse livro pode fazer bem a muitos, e por isso faço votos que muitos o leiam.

Dom Felice Accrocca
Arcebispo de Benevento

---

9 Tomás de CELANO. *Primeira vida*, livro I, cap. XXIX, 82; FFC, p. 188; Tomás de CELANO. *Tratado dos milagres*, cap. II, 2; FFC, p. 326.

A meu irmão Francisco, inquieto, poeta e músico,
que em pouco tempo viveu intensamente.

Capítulo 1

Um difícil início

A mãe e o nascimento

Desta vez Pica não se conformava com a ausência do marido. Ela sabia que não era por aversão que ele a havia abandonado. Ela sabia muito bem que Pedro a amava, apesar de seus modos rudes. E é verdade que um comerciante de tecidos precisa viajar, precisa procurar as mercadorias nos lugares remotos onde são produzidas as mais valiosas. E afinal, como ele lhe havia dito na porta da casa, já a cavalo e pronto para a partida, o chefe de família devia honrar o nome e a condição da família também para a criança que estava por vir.

Acontecia que ela estava grávida e prestes a dar à luz o primeiro filho. Há vários dias sofria dores muito fortes e agora experimentava na própria carne a dura luta que deve enfrentar quem se torna mãe.

Além disso, sentia-se sozinha. Pica não era dali e para muitas pessoas, naquela cidade, ela ainda era "a estrangeira". Naqueles dias a distância em relação à sua terra de origem se fazia sentir mais pungente. Faltavam-lhe o clima mais ameno, o linguajar mais cortês, o perfume do mar, o peixe cozido à maneira de seu povo. Estava cercada de comodidades e ninguém sonhava em faltar-lhe ao respeito, mas não tinha presenças familiares junto a si. Percebia uma barreira invisível, uma frieza que às vezes lhe causava calafrios. E de nada serviam as bem-intencionadas frases de conforto que de vez em quando vinha dizer-lhe uma tia do marido, assomando à porta de seu quarto: "Fica tranquila, porque as criadas trabalham para ti; entrega a Deus a sorte de teu filho e a tua". Não era necessário lembrar-lhe que o parto era muito perigoso, ela já o sabia. Tinha vontade de responder bruscamente, mas por educação não o fazia. Ao invés, esboçava um sorriso de cortesia.

Pica enrolou-se no cobertor. Fora chovia e o frio setembrino, mais acentuado do que de costume naquele início do outono de 1181, entrara sorrateiramente na casa apesar do fogo que ardia vivaz na lareira. A criadagem não deixaria que se apagasse.

O pensamento de Pica retornou ao tempo em que havia deixado a casa paterna e sua família para seguir aquele comerciante vindo de longe. Nunca havia imaginado ir viver no vale de Espoleto, que ela nem mesmo sabia onde ficava. Pedro Bernardone era conhecido em sua casa, conhecido de seu pai, por causa dos comércios que fazia. O casamento fora combinado sem pedir sequer sua opinião, como um contrato entre famílias. Ela sabia que, mais cedo ou mais tarde, lhe tocaria essa sorte, como acontecia com qualquer mulher de seu tempo. Precisou resignar-se a ir viver longe de sua casa, e por sorte descobrira logo que naquele comerciante umbro, um pouco ríspido, havia algo que lhe agradava. Talvez lhe dava segurança. O seu temperamento era duro, mas nunca lhe faltara ao respeito; pelo contrário, a honrava.

E, com este consolo, exatamente um ano antes havia partido para Assis. A viagem fora longa e, na chegada, havia constatado a beleza daqueles lugares: a cidade onde passaria o resto de sua vida, se encontrava na entrada de um vale muito ameno. Agradara-lhe imediatamente, logo que a avistara de longe. Parecera-lhe sólida, protegida e acolhedora como um ninho, cercada por seus muros, não demasiado amplos, mas compactos, na encosta de um monte. "Aquele é o Subásio", comentara o marido. "Em torno e atrás da montanha existem outras cidades: Spello, Núrsia, Foligno, Espoleto. Evidentemente menos belas do que nossa". De todo os lados o horizonte aparecia variado como o mar, ondulado por colinas e outros montes que, no entanto, não sobressaíam no céu ameaçadores. Com suas formas arredondadas, transmitiam uma sensação de calma. Também as oliveiras, modestas e não grandes, mas floridas e ubíquas, mitigavam a ameaça da selva que se estendia de cada lado da estrada. A luz outonal era intensa, mas tranquila.

Transposta sem dificuldade a porta vigiada por soldados (houve, ao invés, saudações e deferência), do outro lado dos muros a pequena caravana havia atravessado uma rede de ruelas. As pedras com que era feita aquela cidade eram geralmente escuras, permeadas por outras mais claras, que sobressaíam. Agradaram-lhe aquelas casas escurecidas pelo sol e pelos séculos, os muros consertados, os arcos e as fendas, as ruas pavimentadas com pedras, ásperas mas acolhedoras. Acabara de chover e o sol brincava com aquelas pedras luzidias num arco-íris infinito de gradações. No ar um véu de luz azulada. Por fim, um palácio bem construído e digno. Assis, tão diferente da cidade em que ela nascera e crescera, seria sua casa para sempre. Uma bela cidade, suntuosa em alguns aspectos, mas ao mesmo tempo ocorria-lhe espontaneamente evocar o contraste com a casa onde nascera, com as intermináveis extensões de prados e o litoral banhado pelas águas do Mediterrâneo.

Sem dúvida, também na sua cidadezinha natal não faltaram parentes pedantes: antes de partir, uma tia lhe havia recomendado entrar em sua nova casa de cabeça erguida e não deixar-se submeter nunca por aquela gente. Sim, havia dito justamente assim: "aquela gente". Por que será? – se perguntara ela então. Mas agora já tinha uma ideia a respeito.

No fundo, uma terra permanece estranha para ti e talvez até ameaçadora enquanto não a conheces. As mulheres ao seu redor, tanto em sua terra de origem quanto em Assis, nunca haviam saído de seus povoados. Para elas o mundo começava e terminava ali. Por isso eram desconfiadas em relação aos estrangeiros. "Não precisamos delas! Por acaso não existem aqui mulheres suficientes para parir e braços fortes para trabalhar?" Mas ela, que havia viajado e tinha um marido que andava por toda parte, sabia que não era assim. O mundo era grande. Mas muitos tinham dificuldade de admiti-lo.

"Senhora, deseja alguma coisa?" A voz da camareira a fez estremecer, arrancando-a de suas reflexões.

"Um pouco de água. Traze-me uma caneca" – respondeu.

Aqui estava em sua casa, em segurança; os dias haviam voado e ela nunca precisou defender-se de nada. E então por que agora se sentia sozinha? Um impulso de preocupação a percorreu. Perguntou-se se algum dia entrou realmente naquela casa, após de ter deixado sua terra. Onde estivera até então sua alma, quem era ela própria? Talvez não o soubesse. Pica intuiu que, quanto mais a inquietação a assaltava, tanto mais corria o risco de transmiti-la à criança. E procurou tranquilizar-se.

Talvez um anjo protetor viera acalmá-la, porque chegou ao ponto de lhe parecer compreender de repente que nem sempre o estar fora de sua terra é um sentimento negativo. Existe uma inquietação que nos faz sentir-nos em casa em qualquer lugar e em nenhum lugar, uma angústia íntima que nos impele a ir mais longe. Certamente Pedro, sempre inquieto, nutria esta angústia. Será que a havia transmitido também a ela? Às vezes ela percebia dentro de si, como agora, uma intensa vitalidade da alma, um impulso para não contentar-se com o que existe, para procurar sempre de novo aquilo que agora não se sabe e não se vê. Descobrir outros lugares, conhecer novas pessoas. Talvez por isso se sentira sozinha naquela cidade de Assis, naquela casa, ainda que acolhedora, do comerciante Pedro Bernardone. Não lhe bastavam os horizontes habituais, as tarefas preestabelecidas que todos dela esperavam. Quanto mais via que as pessoas ao seu redor se contentavam com aquele modo de vida, tanto mais se sentia oprimida e queria fugir dele. E por isso aquela inquietação talvez não fosse um mal a dispensar.

Naquele momento, pela primeira vez, ela compreendeu que podia deixá-la entrar, acolhê-la. Para onde a levaria?

Pica havia assomado ao limiar de uma região desconhecida. Nunca havia pensado, até então, que o coração humano pode ambicionar horizontes vastos e que, se não sai a procurá-los, se sente oprimido e se fecha em si mesmo.

O menino se mexeu dentro dela, como que concordando, como que compartilhando aquele sentimento novo. Era ele que lhe havia sugerido aquela categoria de pensamentos? Tinha ele a ver com esta porta que se abrira? E aquele filho, que estava prestes a vir ao mundo durante uma ausência do pai, pressagiava porventura que ela trazia dentro de si aquela carência, como um estímulo a andar sempre além, a atravessar fronteiras?

Pica sacudiu a cabeça e deu uma risadinha. "Crendices de puérpera" – murmurou. Mas, anos mais tarde, quando o rapaz se tornou grandinho, diria abertamente que não era e não seria um homem qualquer: "Que pensais que este meu filho será? Sabereis que, pela graça de seus méritos, ele há de ser filho de Deus"[10].

Para ela fora preparado um quarto pintado de branco, com água quente e panos macios, repleto de óleos e aromas. Um nascimento como todos os outros e, no entanto, tantas coisas naquela situação eram insólitas... um presságio? Que coisa teria o bom Deus reservado para este seu filho?

---

[10] Tomás de CELANO. *Segunda vida*, livro I, cap. I, 3; FFC, p. 223.

O retorno do pai

Pedro Bernardone finalmente retornou de sua viagem. Com risco de ser surpreendido por uma precoce nevasca dezembrina, havia forçado as etapas do retorno, ansioso por conhecer o filho recém-nascido. Tinha certeza de que seria um menino. Devia ser seu companheiro de tantas aventuras, seu herdeiro, o orgulho da sua vida. Nunca o teria admitido com Pica, mas se havia preocupado com ela, sozinha numa cidade estranha.

Além dos Alpes havia conhecido pessoas novas e feito bons negócios, comprando os pesados tecidos bordados, muito refinados, produzidos na França e em Flandres. Precisou, além disso, arranjar dois mulos e duas carroças para carregar todos os tecidos de lã e de linho que havia comprado. Sem problemas, os revenderia por um ótimo preço aos nobres e aos senhores que tanto os procuravam. Conhecia muito bem essa arte: negociar era sua profissão e tinha tão bons resultados que lhe proporcionavam outra arte que ele praticava mais discretamente, a do empréstimo de dinheiro, prática condenada pela Igreja, mas por demais atraente e rentável para renunciar a ela.

Desta vez se havia aventurado mais para o norte. Nas terras que percorreu havia agitação. Homens e mulheres que queriam mudanças, na ordem civil e também na Igreja. Alguns acusavam o clero de corrupção e recusavam o matrimônio, enquanto outros afirmavam diretamente que era possível ler o Evangelho na língua vulgar, e que também os leigos, e até mesmo as mulheres, podiam ensiná-lo e explicá-lo. Mulheres que não se casavam nem entravam num convento, vivendo na cidade e servindo aos pobres. Ele não compreendia, mas não tinha tempo para ocupar-se com estas questões, precisava trabalhar. Desta vez, no entanto, sentira-se obrigado pelos acontecimentos a fazer-se mais perguntas que de costume.

Descendo ao longo dos Apeninos, já a caminho de casa, também aqui Pedro havia encontrado situações e personagens muito singulares. Ele se perguntava o que estava acontecendo. Podia ser uma consequência da paz reencontrada? Nos últimos trinta anos o exército de Barba-roxa havia aterrorizado as regiões de metade da Itália. E, no ano de 1174, havia assediado também Assis e depois a havia conquistado, empossando como novo governador um protegido do imperador germânico. Agora, diversos anos depois daqueles acontecimentos, os humores permaneciam mutáveis e os descontentes eram em maior número do que os favoritos, mas por ora a vida cotidiana se impusera.

Sim, as coisas estavam mudando. Por onde quer que passasse, nos povoados e nas cidades, encontrava filas de maltrapilhos, de pessoas que esperavam ser acolhidas dentro das muralhas das cidades, depois de ter abandonado os campos de onde provinham e que não estavam mais em condições de alimentá-los; muitas dessas pessoas acampavam fora dos muros, como se não tivessem outro lugar para onde ir, outro futuro para correr atrás.

Mas nem tudo era negativo. Como Pedro sabia por experiência recente, os negócios não faltavam e o dinheiro circulava cada vez mais. Havia trabalho para trabalhadores braçais e artesãos de cantaria: a construção de igrejas, catedrais e palácios animava as ruas e praças urbanas. Os nobres não tinham mais o domínio exclusivo das cidades e – como o êxodo dos camponeses confirmava – dominavam sempre pior os arredores das cidades e os campos. Nem mesmo os mosteiros conseguiam levar adiante como antes suas imensas propriedades, sufocados como estavam pelas demasiadas propriedades rurais e pela escassez de mão de obra. A sociedade se abria, a instrução crescia, a população se multiplicava. Qualquer um podia observá-lo pela confusão nas ruas de Assis e de Perúgia! Sobretudo na Itália central, talvez também devido ao caráter altivo e livre de seu povo, eram fortes os anseios e a luta para conquistar novas liberdades, em níveis impensáveis no resto da Europa. Haviam nascido em muitos lugares as Comunas e crescia a paixão civil. Tanto o imperador quanto o papa precisaram aceitar diversos compromissos para evitar que o estado de coisas descambasse.

Ocupado com esses pensamentos, não insólitos para um temperamento como o seu, o ânimo pragmático de Pedro Bernardone não ignorava que naquela barafunda se abriam caminhos novos. Os que eram como ele, ou seja, quem trabalhava duro e adquiria fama, tinham finalmente a possibilidade de dar um salto, de crescer. Ele sabia quem era e como era estimado: um homem do povo que enriqueceu, nem nobre, nem cavalheiro. Alguém que, nas casas das pessoas bem situadas, entrava pela porta reservada aos criados e aos fornecedores. Revendia tecidos, mas lucrava também com as terras que possuía nos arredores e com as diversas casas de que era proprietário dentro do território da cidade. Estas últimas se haviam revelado um investimento oportuno e sensato, uma vez que, com a migração do campo para a cidade, as demandas choviam e os preços subiam.

Em suma, Pedro pertencia à massa dos comerciantes e dos artesãos, a uma burguesia urbana que, apesar das riquezas acumuladas, permanecia excluída dos círculos do poder, mantido solidamente nas mãos dos chamados *boni homines*, os aristocratas. No entanto, se Assis lutava para libertar-se do poder imperial e das pretensões do poder pontifício, isso se devia às pessoas como ele, certamente não aos nobres. Os aristocratas eram sempre mais os representantes de um passado que ainda podia servir, mas que era substancialmente inatual. Na sua loja ouvia as pessoas, sentia o que ocorria nas ruas, dava-se conta antecipadamente do que estava acontecendo. Por ali passava o mundo, sempre mais populoso e rico de intercâmbios. Ele conhecia o valor dos tecidos e sabia como vendê-los, a quem e por quanto. Sabia que o futuro agora pertencia aos comerciantes, porque a moeda era o meio essencial de troca. A velha ordem se fragmentava. Os próprios criados, também os que até então eram praticamente escravos, obtinham uma liberdade efetiva e possuíam um sítio, poupavam e construíam uma vida. Havia os soldados, uma categoria agora próxima à dos comerciantes, e havia os pobres, muitas vezes camponeses que haviam migrado para a cidade. Muitos deles iriam permanecer em seu lugar, enquanto ele subiria e todos veriam até onde podia chegar Pedro Bernardone, e seus filhos com ele e depois ele.

O que os nobres e ele mesmo ainda não sabiam era que justamente as pessoas do povo, às quais ele próprio pertencia, iriam criar em 1198 a Comuna livre de Assis. Apenas dezessete anos mais tarde. E isto aconteceria graças a homens como ele, determinados a subir os degraus da sociedade de Assis, e a acomodar as próprias famílias num mundo novo, não só para si, mas para as gerações futuras. E seu filho, o recém-nascido que ele estava prestes a conhecer, estaria entre aqueles bravos.

Finalmente Pedro Bernardone chegou a Assis, carregado de tecidos preciosos de todo tipo, de acordo com a moda mais em voga. Estava excitado, feliz com os negócios feitos e com os que já considerava concluídos na sua loja. Ele era assim: seu universo coincidia com o seu trabalho, com as relações, com o dinheiro e sobretudo com a estima de sua cidade, principalmente daqueles nobres que não tinham mais dinheiro do que ele, mas que o olhavam de cima para baixo. Quem acreditavam ser? Reclusos em seus palácios, distantes da vida da cidade, não intuíam o futuro que os esperava.

Talvez foram estes pensamentos que induziram o vendedor de tecidos a reagir tão mal ao nome com que Pica havia batizado o menino: João, em honra do Batista. Bernardone não queria permitir que alguma coisa saísse do caminho que ele havia traçado. O filho devia chamar-se Francisco, um nome que era uma bandeira, emblemática do seu frequente ir e vir das terras transalpinas onde havia enriquecido. Essa denominação honorífica era uma moda do tempo e o pai queira ser moderno a seu modo. O futuro do filho estava selado, porque estava destinado a continuar seu comércio de tecidos franceses.

Bernardone queria um nome diferente e novo para seu herdeiro. O mundo mudava e era necessário segui-lo. Era necessária certa originalidade para prosperar naquelas situações particularmente difíceis. Ele era um tipo concreto. Amava Pica, mas os seus sonhos, as suas fantasias... o deixavam nervoso, porque ela não entendia. Sua mulher era adorável, sem dúvida, mas inquieta. Aquele filho, no entanto, devia crescer sem minhocas na cabeça; a loja não o permitia e nem os novos tempos que se aproximavam.

Gostaria de remediar a situação, refazer a cerimônia, levá-lo ele próprio novamente à fonte batismal subindo pelas ruelas estreitas que levavam até São Rufino, a bela e antiga catedral agora em reconstrução sob o bispo que trazia o mesmo nome, cujos trabalhos haviam desacelerado notavelmente por causa das discórdias civis entre as facções citadinas e os conflitos com as cidades vizinhas. Não podia fazê-lo, e então acrescentou por autoridade própria o nome de Francisco. Todos deviam conhecer o primogênito do comerciante Pedro Bernardone e de Pica, que tinha um futuro único e assegurado.

Sem sabê-lo, o pai selava assim o destino daquele filho tão desejado. O nome evocava lugares distantes e Francisco se tornaria um homem cuja alma captava imediatamente o apelo da distância. O horizonte limitado não podia bastar-lhe. E sua vida será um peregrinar sem descanso. Embora sempre ligado às esquinas claras e aos muros das casas de Assis, ele permanecerá fiel à existência no seu fluir, no seu crescer. Aprenderá a conhecer enquanto permanecer a caminho, como quem é atraído para um outro lugar que sempre se delineia no horizonte para quem sabe ver mais longe. A inquietude dará forma à sua vida e será algo completamente diferente de um vago sentimento.

Capítulo 2

"Quando eu estava em pecados"

Uma loja de pernas para o ar

Os anos passam velozmente. Já estamos em 1205. Naquele dia, Pedro Bernardone desceu para a loja mais tarde, porque a artrite às vezes o mantinha na cama. Como sequela, arrasta um pouco o passo. Deveria comer menos carne de caça, capões e carne de boi; mas ele não aguenta, não se pode viver só do trabalho. E, além disso, para manter as boas relações com a cidade não pode de jeito nenhum permanecer recluso em casa: jantares, banquetes, encontros, sobretudo da parte dos nobres e dos governantes da cidade e dos arredores. Ele paga as consequências. Felizmente seu filho Francisco, já adulto, um jovem de vinte e quatro anos, já está a postos cuidando do estabelecimento.

Mas, entrando no empório, o encontra em desordem, ele que cuida da ordem das prateleiras mais que da ordem de sua casa. Esta manhã está tudo bagunçado. Faltam os tecidos mais belos, os mais preciosos. Começa a perguntar com voz alterada: "Será que talvez entrou um ladrão? E onde está Francisco? Droga! Nem nele posso confiar?" E, enquanto grita, rumina dentro de si que já cabia ao filho cuidar das coisas, impedir que os maltrapilhos entrem e mais ainda os muitos que invejam a sua riqueza, os devedores, em suma, um monte de gente. E onde está, neste momento, aquele rapaz irresponsável?

Com efeito, há algum tempo Francisco é estranho ausente, fala coisas abstrusas, dá ofertas demasiado generosas aos pobretões que se aproveitam de sua bondade. Ele, Pedro, fez de tudo para satisfazê-lo, ou melhor, o cobriu de ouro para deixar campo livre à sua vontade de aparecer. Chegou a vesti-lo como cavaleiro e mandá-lo para a guerra; mas, desde então, algo deu errado.

Se de uma coisa Bernardone tem certeza, é que Francisco, não obstante sua formação, exercia a arte paterna com maestria, embora com um estilo completamente diferente[11]. Trabalhava duro e obtinha resultados. Fascinava os clientes com suas maneiras corteses. Não é alto nem muito robusto, mas em suas maneiras existe uma energia quase febril. Mas depois, de repente, esse seu temperamento excêntrico e impaciente toma outro rumo: gasta e prodigaliza, o dinheiro nunca lhe é suficiente entre festas e banquetes, vestes sofisticadas e extravagantes. Um comportamento original, é verdade; mas, pelo menos, assim todos podem ver como

---

11 *Legenda dos três companheiros*, cap. I, 2; FFC p. 573.

é rico seu pai, o comerciante de Assis que ama a França e percorre metade da Europa. Também isto é uma maneira de dar a conhecer de que condição é a família do vendedor de tecidos preciosos.

Sem dúvida, um pouco peculiar sempre foi aquele filho, embora dotado de talento sagaz. Assim que chegou à idade adequada, o cônegos da igreja de São Jorge, que tinham uma escola vizinha à sua casa, lhe havia ensinado o suficiente para ler um latim elementar e fazer cálculos aritméticos. Uma revolução para a época, o filho de um comerciante iniciado nas letras. E um investimento considerável para as finanças paternas. O livro de texto era o Saltério, uma coleção de orações e salmos que lhe ficaram impressos na mente, junto com algumas chicotadas nas mãos delicadas. No entanto, raramente oferecia ocasião aos mestres, porque seu talento vivaz habitualmente não precisava de chicote. Para ele será sempre assim. Enquanto aprendia de memória o Saltério, havia começado a manejar o estilete sobre as pranchetas, a calcular e a interessar-se pela poesia, pelo canto, pelas línguas e pelas artes.

Até então, desde a infância e a adolescência, Francisco fora vivaz, de boa vontade e generoso, até demais para o pai. Esse seu caráter brilhante era uma boa promessa para o comércio, porque Francisco era amável com todos. Às vezes fazia coisas estranhas, excessivas, mas Pedro pensava que ele amadureceria com a idade, quando chega o momento de simplesmente trabalhar. E o havia educado, ensinando-o a empenhar-se, a atender a todos, a não se deixar burlar.

Mas certamente o irmão moço, Ângelo, três anos mais novo, dava menos preocupações. Não tinha resoluções geniais, demonstrava uma personalidade prática como a sua. Não queria saber de livros e de cantos, preferia a comida substanciosa, o vinho genuíno e o trabalho manual.

Em todo caso, naquela manhã o primogênito exagerou realmente, como Pedro descobriu depois de ter exigido a verdade, com ameaças, dos criados emudecidos. Francisco havia recolhido sem pedir licença tecidos de diversas cores, os mais belos. Prosseguindo as investigações, Pedro fica sabendo que o filho os havia vendido todos no mercado de Foligno, inclusive o cavalo; depois tentou entregar o ganho obtido a um sacerdote para restaurar uma igrejinha em ruínas. Quando Pedro localizou o sacerdote em questão, este lhe contou tudo, apressando-se a especificar, com compreensível embaraço, ter recusado aquela dádiva demasiado generosa. Havia recolhido o dinheiro do pavimento da igrejinha, onde o filho o havia jogado através da janela a fim de livrar-se dele, e está ansioso por restituí-lo. Ele não o disse abertamente, mas Pedro sabe que é justamente ele a causa da recusa, ou seja, sua mais que provável ira diante do que só pode ser definido como uma loucura.

O que aconteceu com Francisco? O que lhe passa pela cabeça? Não sabe que caberá a ele tomar nas mãos as rédeas dos negócios e fazê-los prosperar a ponto que não ser mais um sonho impossível desposar uma mulher da nobreza ou pelo menos tornar-se cavaleiro? Não há lugar para outras fantasias, tudo está claro. É pelo filho primogênito que deverá passar o salto de qualidade que Bernardone, com o suor de seu rosto e a sagacidade do talento, preparou tão acuradamente.

Bernardone fez com que Francisco crescesse entre os confortos de que sua família goza, devido aos tantos privilégios imperiais concedidos aos ricos assisenses pelo governador da cidade, Conrado de Lützen, duque de Espoleto. Qualquer um teria desejado estar em seu lugar. E, no entanto, aquele rapaz é atravessado por alguma coisa que Pedro não consegue realmente compreender. Talvez por isso se entende bem com a mãe, são ambos espíritos poéticos. Pedro os vê falar e ficar juntos por longo tempo, mas para ele aquele mundo está fechado. Basta-lhe a loja e a estima, talvez o temor, dos seus concidadãos.

Como foi possível chegar a tal ponto? Ele o educou melhor do que podia e agora o filho lhe retribui com uma verdadeira traição.

Apesar disso, ele ama esse filho, e o ama muito. Não obstante sua inquietude, ou talvez por causa dela?

Pedro Bernardone foi o primeiro na história daquele filho a sentir esta dúvida, mas certamente não o único. E esse sentimento fará sempre com que possamos ver diversos rostos de Francisco, nem sempre compatíveis com a perfeição. Quem é verdadeiramente Francisco?

Como se pode contar sua vida? Talvez, como o pai, também nós devamos deter-nos no limiar da sua personalidade e da sua biografia: deter-nos pensativos e fazer uma escolha de campo. Ou seja, se vamos violentar sua vida numa imagem já feita, tranquilizadora, ou, de preferência, aceitar que não compreendemos tudo e reunir com paciência elementos diversos que podemos colher dele, quase como pinceladas de uma existência inquieta. Seja como for, não possuiremos o segredo, mas permaneceremos abertos à procura e à escuta de uma vida que supera a si mesma.

Entre sonhos, guerras e prisão

A loja nunca conseguiu exaurir o mundo do jovem Francisco. As viagens junto com o pai para além dos Alpes, iniciadas quando era ainda um rapazinho, o levaram a descobrir mundos diversos. Refrescou a língua de oil, própria daquela terra da França que ele sempre desejara visitar desde quando, como criança, havia aprendido seus vocábulos e sua entonação. Com a doçura das suas cadências, gostava de cantar, como tantos jovens de sua idade, antigos poemas cavalheirescos e de amor também na língua d'oc, a língua dos trovadores e dos poetas provençais. Era uma verdadeira moda, naquele tempo, e ainda hoje vemos traços dela nas catedrais de Módena e Otranto.

Nada de espantar-se se um dia os assisienses puderam ter a sorte de ouvir os versos de trovadores provençais como o famoso Bertran de Born, um barão que soubera unir a arte da palavra aos feitos da espada. Um menestrel de passagem talvez tenha declamado e cantado na praça pública algumas líricas suas, jurando tê-las aprendido dos lábios do ilustre autor. Ter-se-á expresso na língua provençal, acompanhado pelos músicos. A maior parte dos presentes não terá entendido nenhuma palavra, mas a melodia ajudava e, no final, aquele que declamava terá talvez traduzido algum verso para o italiano vulgar.

Algumas passagens impressionam os mais jovens entre os ouvintes e os enchem de propósitos ardentes. Francisco, se está ali ouvindo, provavelmente está em condição de entendê-las no idioma original. Seja como for, entram no repertório das líricas que ele gostará de cantar. Na língua italiana soam assim:

> Ed altresì mi piace quando vedo
> che il signore è il primo all'assalto,
> a cavalo, armato, senza tema,
> che ai suoi infonde ardire
> cosi, con gagliardo valore;
> e poi ch'è ingaggiata la mischia
> ciascuno dev'essere pronto
> volonteroso a seguirlo,
> ché niuno è avuto in pregio
> se non ha molti colpi preso e dato[12].

---

12 Os versos são tomados do sirventês de Bertran de Born *Il piacere della guerra*. Propomo-los na tradução de Aurelio Roncaglia, em *Le più belle pagine delle letterature d'oc e d'oil*. Milão: Nuova Academia Editrice, 1961. Trad.: E igualmente me agrada quando vejo / que o senhor é o primeiro no assalto, / a cavalo, armado, sem temor, / que nos seus infunde ousadia / assim, com galhardo valor; / e uma vez iniciada a refrega / cada um deve estar preparado / desejoso de segui-lo, / porque ninguém é estimado / se muitos golpes não tiver recebido e dado.

Era esse o clima. O mundo se ampliava, as gestas dos cavaleiros eram o sinal, dava vontade de montar a cavalo e partir para a aventura com o coração entumecido de propósitos heroicos.

Àquela altura, já há vários anos o privilégio, reservado a muito poucos rapazes, de sair do vale de Espoleto com seus suaves declives para enveredar pela célebre Via Francigena, que traz seu próprio nome e pelas mesmas razões, entusiasmou o filho de Pedro Bernardone. Percorre no séquito do pai comerciante os passos de tantos peregrinos em marcha entre Roma e a Europa, mas também de tantos conquistadores que se revezaram ao longo dos séculos para cima e para baixo pela Itália. Entre os momentos salientes da viagem, podemos imaginar a subida ao longo do Val di Taro até atravessar os Apeninos no Passo della Cisa; a baldeação por barco no Pó majestoso no *Transitus Padi*, entre Pavia e Piacenza; e mais ainda a imponente travessia dos Alpes ao longo da passagem do Moncenisio e do trecho colinoso, depois de deixar para trás a bifurcação pela estrada de Flandres. Momentos e espetáculos do gênero o levaram a experimentar a inquietação do caminho, do encontro com outras pessoas, de línguas e mentalidades desconhecidas. Ampliaram a vista de Francisco para um horizonte que ele não perderia jamais. Assim como, por outro lado, o fascina o trânsito contínuo de peregrinos que atravessam Assis, situada entre o vale do Tibre e o Adriático, ou seja, a caminho de Roma e da Terra Santa.

A cidade encarapitada nas encostas do Subásio possui o segredo de uma grande serenidade: pacatos os contornos, suaves as cores. Entretanto, para Francisco não basta. Retornará sempre a Assis, até morrer, mas sem deixar-se trancafiar em seus muros. A linha do horizonte vista daquela fortaleza que domina Assis o faz sonhar outros mundos, sobretudo desde que, com menos de dezoito anos, contribuiu para atacá-la e arrasá-la, a fim de expulsar os nobres da cidade e, com eles, a sombra do poder imperial. Com a paixão de sua juventude, participou daquele frêmito de liberdade que percorria a sua Assis e tantas cidades nos arredores. Colaborou com suas mãos para construir novos muros urbanos e desta experiência adquiriu uma habilidade de pedreiro que lhe servirá em seguida. Deixou-se arrastar com prazer para essas tarefas, em busca de glória. Em suma, acertou as contas com aquela inquietude que talvez herdara em parte de sua mãe durante a gravidez. Agora é a sua inquietude.

De resto, os anos da juventude transcorreram cheios de abalos de diversos tipos. Tensões que desembocam em guerras entre cidades vizinhas, comerciantes e *minores* que se aliam contra os nobres, as lutas entre império e papado. Sobra para todo mundo. Também naquelas suas regiões.

Perúgia dista menos de um dia de caminhada, mas ao mesmo tempo está distante, cidade guelfa e, portanto, inimiga. Após um período de paz, a tensão com Assis era latente, mas num certo momento explode, até chegar à guerra aberta, que é também doméstica por causa dos contrastes entre as diversas classes sociais. Será um conflito longo, que será resolvido em parte só em 1210 com um tratado de paz. A aspiração à liberdade é um traço muito característico daquela época e Francisco carregará todos os seus sinais. Certamente por isso, como nos transmitem a fontes, participou com entusiasmo juvenil e ânimo cavalheiresco da escaramuça ocorrida em Collestrada, nos arredores da Ponte de São João sobre o Tibre, em 1203. Perúgia com as suas tropas invadiu o território de Assis para defender a causa dos nobres recém-expulsos da cidade e conseguiu derrotar a guarnição de Assis. Um pequeno episódio na história da época, mas que marcará para sempre o jovem Francisco, o qual experimenta o gosto amargo da violência e da guerra e, apesar dos seus ideais corteses, logo é obrigado a descobrir seu rosto mais desumano. É capturado e feito prisioneiro, por um ano inteiro.

A seguir foi denominada Loggia dei Lanari a área onde surgia a masmorra perusina na qual o filho de Bernardone comeu o pão do cativeiro e da privação. Na época chamava-se cárcere do Sopramuro e os assisenses derrotados foram ali recolhidos à espera de um resgate, da parte de quem se podia permiti-lo. Mas também neste caso a permanência não seria breve.

Francisco estava habituado ao conforto e sua saúde sairá abalada para sempre. No entanto, embora a detenção o submeta a uma dura prova, não consegue extinguir seus sonhos e aquela sua inquietude que o impele para sempre mais longe: "Que pensas de mim? Ainda serei venerado por todo o mundo"[13]. Assim responde a um companheiro de cativeiro, perplexo diante de semelhante visionário sem limites.

Os dias passam lentamente na cela. Alguns praguejam, outros choram, outros ainda sonham com sua cômoda casa.

---

13 *Legenda dos três companheiros*, cap. II, 4; FFC, p. 574.

Francisco está com o nobres e cavaleiros, por causa das boas razões que o pai podia facilmente aduzir. Entre seus companheiros estão também o que sonham com a revanche para recuperar a honra perdida e os que não querem saber mais nada da guerra.

Como dizia seu pai, ele sabe lidar com as pessoas. No cárcere consegue até amansar um cavaleiro soberbo que nem as cadeias dobravam. Primeiro suporta suas prepotências, depois o acalma, o faz baixar o tom e estabelecer relações com os outros prisioneiros.

O jovem filho de Bernardone é capaz de entreter os companheiros e distinguir-se, mesmo no decurso de um tempo que no cárcere se torna indefinidamente longo. Certa noite, no escuro iluminado apenas pelas pequenas lâmpadas de óleo, ele e os outros entoam cantos cavaleirescos; outra noite, recordam suas proezas da primeira juventude, os passeios noturnos depois de lautos jantares, as aventuras de amor. Em noites mais melancólicas falam da política do tempo, mas em voz baixa, para não serem ouvidos. Às vezes ficam simplesmente quietos, quando o medo de não voltarem para suas belas casas se faz sentir mais forte, reforçado pela nostalgia dos amores, das comodidades, da vida despreocupada.

Depois de um ano, em novembro de 1203, Francisco pode finalmente voltar para casa. O pai pagou generosamente sua liberdade. Ele não é mais o mesmo, porque certas experiências provocam mudanças. A doença se apodera dele, como se lhe apresentasse a conta da guerra e do cativeiro. Acontece que o nosso corpo encontra suas maneiras de reagir e nos falar. Francisco permanece confinado por um longo tempo. Enquanto jaz na cama, tem tempo para percorrer novamente o ano que passou no cárcere e os seus desejos de glória desfeitos em Perúgia. Procura compreender o que lhe está acontecendo e por que ainda se sente como que dividido entre a vida de antes, alegre e vencedora, e o que experimenta agora, um sentimento forte, mas confuso.

Após um certo tempo, ainda convalescente, lhe é permitido sair com a bengala. Anda pelo campo, avança a muito custo, mas com determinação, até uma altura de Assis de onde enxerga a paisagem tão amada. Mas descobre que nem isso o satisfaz mais. O que aconteceu? Sente-se distante daquilo que até então havia sido o seu mundo. Era ele realmente aquele jovem que antigamente havia feito tantas coisas?

A inquietude adquire forma

Francisco começa então a enxergar de maneira diferente a realidade das coisas. Poderíamos dizer que ele abre a porta para a inquietude, a deixa entrar e habitar dentro de si, exatamente como sua mãe havia feito quando o trazia no ventre. Não sabia ainda para onde canalizá-la. Mas ficou mais atento aos pobres e sente uma verdadeira compaixão por eles. Talvez o contato com as torpezas do cárcere abriu uma brecha nele. Em sua mente combatem pensamentos contraditórios. Também daqui desponta aquela impaciência que não lhe permite ainda entrar novamente em si. Exteriormente conserva o caráter efervescente, encanta os amigos, está sempre ansioso por aparecer e se apossa dele novamente o desejo das armas, das gestas cavaleirescas e da glória que tantos heróis como Carlos Magno, Rolando e Olivier conquistaram. Mas se apodera dele, ao mesmo tempo, um sentimento ético e poético que o arrasta para o séquito de Perceval, Lancelot e os cavaleiros da Távola Redonda. Estas figuras o inflamam e ele quer ser como elas: com mente grande, generosa até o exagero e sobretudo cortês, capaz de comportar-se de modo cavaleiresco na sociedade.

É talvez neste tumulto interior que ele começa a experimentar um sentimento novo de compaixão. Certo dia Francisco trocaria uma parte de suas belas vestes com as de um cavaleiro pobre. Por que o fez? No fundo, nem ele próprio o sabe. Mas não podia deixar de fazê-lo. É algo mais do que aquela generosidade que ele já conhecia e praticava quase espontaneamente. A mudança abre caminho nele, a passos lentos.

Seja como for, aos poucos os sonhos de grandeza e de glória recuperam força em sua mente e prevalece o chamado às armas. Ouve dizer que um cavaleiro assisense de modestos recursos, mas de ascendência nobre e coração ardente, deseja alistar-se para combater sob a bandeira de Gentil de Palearia, conde de Manoppello, defensor, contra o jovem imperador Frederico II, dos direitos de sua mulher Elvira d'Altavilla sobre a Apúlia. Francisco quer não só apoiar, mas seguir aquele jovem cavaleiro conterrâneo. É o ano de 1205, e o filho de Bernardone tem vinte e três anos.

Existem muitas maneiras de a inquietude crescer em nós. Entre estas, certamente, os sonhos não são os menos invasores. Especialmente os que chegam inesperadamente, nos acordam e nos deixam assustados, mas também fascinados, suspensos entre a preocupação e o desejo de intuir algo mais. No tempo de Francisco, os sonhos tinham uma grande importância e a memória dos sonhos bíblicos era viva. É justamente assim que acontece com Francisco. Seu sonho cavaleiresco lhe mostra uma casa cheia de armas de todo tipo e uma belíssima esposa. Nos sonhos acontece percebermos distintamente vozes e Francisco se sente tranquilizado de que terá, sem dúvida, todos aqueles bens. Para um homem de seu tempo, aquilo era uma mensagem.

A meta é esclarecida, a decisão está tomada. Finalmente, eis a guinada de sua vida. Mais cedo ou mais tarde precisava chegar, não é? Desde sempre o pai lhe repete isto. Outras apreensões. A expedição que ele está prestes a empreender terá sucesso, sem dúvida. Ele precisa partir.

Também desta vez Pedro Bernardone não se preocupa com as despesas. Pela linhagem, o filho deveria contentar-se em fazer parte da infantaria, as tropas a pé compostas por quem não é nobre ou cavaleiro. Prevalece, no entanto, o desejo de ambos: o de ver Francisco tornar-se cavaleiro, a qualquer custo. Pedro reveste o filho com a magnificência de um paladino da Távola Redonda. A armadura reluz, quase grande demais naquele físico resistente, mas franzino. O cavalo é lustroso e vigoroso, o capacete e a couraça o defendem e o subtraem a olhares indiscretos. O novo clima libertário permite também aos provenientes do povo, como ele, combater a cavalo, se tiverem o dinheiro que o permita. Mas quem tem este privilégio por nascimento não olha com bons olhos os recém-chegados. Pedro Bernardone espera que o próprio conde Gentil em pessoa reconheça Francisco, eventualmente no ato de nomeá-lo cavaleiro por causa do heroísmo que irá demonstrar no campo de batalha.

Francisco se torna mais alegre que de costume e surpreende a todos dizendo: "Sei que hei de ser um grande príncipe"[14] Mas como? Mais uma vez algo o impele para mais longe, porque agora não lhe basta nem mesmo o que havia mais desejado: a glória das armas e a fama.

O aspirante a cavaleiro parte para Espoleto, a apenas trinta quilômetros de Assis. Deveria ser o ponto de reunião para a partida, a primeira etapa de uma epopeia insigne; e, no entanto, o destino reserva outros programas. Visita-o novamente a doença e com esta um outro sonho. Desta vez, porém, tudo é mais estranho. Não vê armas nem damas. Não lhe é prometido nada. Ao invés, a voz de uma presença invisível lhe pergunta para onde ele quer ir, e Francisco responde que quer ir para Perúgia e depois embarcar para a Terra Santa. Mas a voz insiste e lhe pergunta se não prefere servir ao Senhor em vez do servo. "O Senhor" – confirma, decidido, Francisco. "Volta para a tua terra e ser-te-á dito o que deves fazer"[15].

Quem é o servo? O sonhador entende que poderia tratar-se indiferentemente de Gentil, de Frederico II, de Inocêncio III, ou seja, de qualquer poderoso da época. Perplexo, o jovem se vira e revira no leito e compreende que para ele

---

14 Ibid., 5; FFC, p. 575.
15 Ibid., 6; FFC, p. 575.

aquela campanha de guerra já acabou. Acaba de morrer na noite, quando os limites entre a realidade e as visões oníricas se tornam mais sutis e talvez tudo é visto mais claramente. Ele estava dividido entre o desejo de glória e a dúvida se era o dinheiro e as armas que iriam proporcioná-la. Indeciso entre o anseio de celebridade e um leve mal-estar que não lhe permitia sentir-se bem. Mas tudo isso faz parte do passado. O que deve fazer? O que espera dele "o Senhor"?

Passa a noite em Espoleto, cidade poderosa da época, tornada grande pelos romanos primeiro e pelos longobardos em seguida, orgulhosa dos seus muros, do Castelo e da Catedral. Situada numa posição estratégica, controla a passagem e é tão fortificada que muito poucos seriam tão tolos a ponto de atacá-la. Aqui, no entanto, Francisco reconhece que nem as arquibancadas nem as espadas tornam realmente poderoso um ser humano. Ele se descobre vulnerável, aceita pôr em discussão os planos que havia feito e, com estes, aquele ideal cavalheiresco de que se nutrira. Liberta-se das armas pesadas que dão a ilusão de força e retoma o caminho para Assis, mais aliviado. Aliás, o ideal cortês não visava exatamente despojar-se da violência e da prepotência para fazer prevalecer outros modos e outras palavras? Mas este pensamento, ainda que lhe passe pela cabeça, não o tranquiliza: nem mesmo aquele mundo gracioso e refinado agora lhe basta. Algo muito diferente está em jogo.

Ele próprio não compreende por que o faz, mas não pode agir de maneira diferente. Algo muito profundo mudou nele e o está transformando.

O apelo dos pobres

As ruas de Assis, onde retomou sua vida costumeira, e as dos povoados dos arredores o veem muitas vezes protagonizando festas e rumorosas saídas noturnas. Graças à sua extravagância e prodigalidade, é amado e estimado por todos: um líder nato, diríamos hoje. Aparentemente, o mesmo de sempre.

É ainda a alma daqueles grupos folgazões que, com o nome de cortejos ou brigadas, aparecem em tantas partes da Itália, à maneira dos trovadores provençais, difundindo a gaia ciência, os costumes romanescos e os prazeres muitas vezes lascivos, ultrapassando até os limites consentidos então. Depois de jantares repletos de todos os bens de Deus, junto com os companheiros percorre a ruas da cidade, enchendo a noite com canções populares, gracejos e algazarras de todo tipo. Não poucos assomam à janela para apostrofá-los, mas logo se retraem ao reconhecer os protagonistas. No fundo, são rapazes, precisam divertir-se. E, além disso, quantos rostos conhecidos e importantes...

Para Francisco parece natural aparecer, vestir-se bem e procurar tudo o que há de magnífico e original. Ele tem um gosto acentuado pela elegância e a dissimulação. É um personagem "carnavalesco", escreveu um historiador, ultrapassando sempre os limites e as hierarquias reconhecidas, que nunca considerou como barreiras.

Por isso precisa de tanto dinheiro e o progenitor muitas vezes, quando o tem, repreende o filho até asperamente.

"Onde você pensa que nasceu, na casa de um comerciante ou de um príncipe?" É o refrão com o qual o comerciante de tecidos lhe recorda suas origens familiares. Francisco não o escuta, porque sabe que, no fim, o pai o deixa fazer o que quiser e a mãe o ama com ternura infinita.

O jovem é conhecido como o "rei do báculo", ou seja, aquele que segura o cetro daquelas excêntricas brigadas que passam de banquete em banquete. Certa noite, como de costume, o escolhem como rei da festa, seguros de que ele pagará tudo como muitas vezes acontece. Depois do lauto jantar, os alegres amigos estão prestes a permitir-se as costumeiras incursões no escuro da noite e das vielas de Assis escassamente iluminadas. Mas, a certa altura, entre as canções e os gracejos, Francisco se detém, permanece longe dos companheiros, como que absorto. Os seus amigos não chegam a compreender o que está acontecendo. Ele está como que submerso num mundo onde ninguém pode entrar, mas que ele com toda evidência está quase vendo e tocando.

"Estes ricos são todos iguais, podem permitir-se sonhar" – resmunga Tancredi, um dos companheiros de gandaia. Mas um outro, Roberto, lhe replica: "Não entendeste nada dele, há algo que o atormenta, e nenhum de nós pode ajudá-lo!" "Talvez perdeu a cabeça por causa de alguma dama. Deixa pra lá!" – rebate imediatamente Tancredi. A esta altura, Francisco parece animar-se e lhes responde num arroubo: "Dissestes a verdade, porque pensei em desposar a mais nobre, a mais rica e a mais bela esposa que jamais vistes". Os outros se puseram a zombar dele. Não estavam totalmente errados, porque parece a toada de alguém que perdeu o contato com a realidade; mas com o discernimento posterior as coisas aparecerão de maneira diferente. "Ele [Francisco], porém, disse isto não por si, mas inspirado por Deus" – comentará um dos primeiros biógrafos, aludindo ao "matrimônio" de Francisco com a senhora Pobreza[16]. Os seus amigos, que não podem intuí-lo nem sequer de longe, não sabem o que acrescentar e continuam a incursão noturna.

Como quando a névoa se rarefaz e o olhar pouco a pouco distingue claramente o que o vapor oculta no ar[17], assim se sente naquele momento o jovem Francisco.

Na inquietude Francisco começa a amadurecer uma percepção diversa de si mesmo. Ele se vê cada vez mais como é na realidade. Esboroa-se aquele sentimento de grandeza que quase o obrigava a exagerar, a ser original a todo custo, a ocupar sozinho todo o palco. É como se agora se tivesse tornado menor. Não deve manifestar-se à força, pode permanecer em baixo, donde se pode ver melhor as coisas, na sua medida mais próxima da realidade. Ele se descobre mais próximo da terra e do pó, menos nas alturas das suas pretensões. Ninguém se torna humilde por uma escolha programada. Trata-se, antes, de um caminho de descida, de perda. Não é fácil. E, no entanto, é simplesmente o caminho para tornar-se humanos. E cristãos. Porque Jesus seguiu este caminho.

Francisco não escolhe ser humilde. É como que movido por algo maior do que ele – quase uma "unção divina"[18]

---

16 Ibid., cap. III, 7; FFC, p. 576.
17 Dante ALIGHIERI. *Divina Comédia. Inferno*, canto XXXI, v. 34-36.
18 Tomás de CELANO. *Primeira vida*, livro I, cap. II, 3; FFC, p. 151.

– e por certa doçura que é sua marca. Descobre que não lhe adianta nada conquistar, como estava habituado a fazer com a admiração de outros, as "coisas" e a glória das armas. Começa a voltar novamente a si, agora menor e mais verdadeiro.

Sempre fora generoso com os pobres. Fazia-o espontaneamente e muitas vezes de modo vistoso, dando muito, além de qualquer expectativa. Exagerava.

Recorda agora com pesar aquela vez em que, alguns anos antes, esta sua prodigalidade foi bloqueada. Era um dia especial. A loja estava cheia além da medida, o pai estava ausente e também os criados. Francisco estava sozinho. Entra um pobre no momento menos indicado. Como se houvesse um momento adequado para alguém que tem fome! O pobre abre caminho entre as senhoras vestidas de seda, em busca do último tecido chegado ao empório, e entre os outros comerciantes que se reabastecem com os Bernardone, seguros de encontrar a mercadoria melhor e mais na moda. O dilema é entre os veludos e os brocados, entre o linho e o algodão, as lãs refinadas, as peças simples ou com estampas.

Para aquele infeliz, no entanto, a questão é se hoje conseguirá pôr na boca um pedaço de pão, nem que seja pão amanhecido. Pede, portanto, a esmola por amor de Deus, não em seu nome, levantando a voz para se fazer ouvir superando o burburinho dos clientes. Ele sabe por experiência que Francisco tem um coração grande, ainda mais quando o pai está ausente. Por isso escolheu aquele momento para entrar, com a típica perspicácia que permite aos pobres sobreviver.

No entanto, desta vez Francisco reagiu mal e o expulsou irritado. "Será que não vê, aquele coitado, que hoje não é o dia?" Quantas pessoas para atender, quanta atenção prestar para não deixar-se enganar, quantas tratativas que ele não deve deixar escapar. "E deixa-me em paz!" – diz-lhe o jovem comerciante quase gritando. O pobre não esperava uma reação desse tipo. É a primeira vez. Retira-se com seus trapos – tão diferentes daqueles tecidos franceses – como um caracol na sua concha. Olha em torno e percebe os olhares das pessoas que o cercam. Havia entrado confiante que Francisco o teria acolhido e respeitado. Mas agora descobre que acalentava uma ilusão. Não é um deles e nunca o será. Inclina cabeça, gostaria de desaparecer no mesmo instante. A boca fica colada pela humilhação, não consegue dizer nada. Olha para trás sorrateiramente e sai, quase fugindo. Gostaria de chorar, mas não dá satisfação àqueles ricos. Também ele tem sua dignidade. E desaparece, deixando o rastro de seu mau cheiro, de sua presença incômoda.

Num primeiro momento Francisco deu um suspiro de alívio e retomou seu trabalho, sorrindo para as senhoras, discutindo com os comerciantes, pródigo em palavras para todos. Havia sido hábil como sempre, sabia comportar-se.

Mas agora, lembra muito bem como de repente despertou dentro dele uma espécie de refluxo amargo, uma dor que se tornou um misto de névoa, vertigem e choro. Envergonhou-se de si mesmo. Havia largado ali os tecidos revirados e dispersos sobre o balcão e com eles as senhoras, desconcertadas. Havia saído correndo da loja, subido a ladeira íngreme, procurando seguir o rastro do fedor daquele homem que ele conhecia muito bem. Mas não havia nada a fazer, ele desaparecera "Ele tem sua dignidade, não se deixa perseguir. Antes de receber dinheiro ele queria encontrar o teu olhar e o teu sorriso, ouvir-se chamado pelo nome também diante das pessoas da classe alta. Ser reconhecido. E, ao invés, nada disso ocorreu. Tu o expulsaste, te livraste dele" – dissera Francisco para si mesmo, enquanto enveredava por um beco estreito, solitário e malcheiroso, onde se apoiou num muro descascado e não conseguiu deter um choro irrefreável. Sentia muito. Deixara entrar em ação algum outro, talvez, ou era ele próprio assim? Aquele que era um jovem cortês e generoso, na realidade, diante do interesse, perdia o controle e sentia o outro como um estorvo, especialmente se era pobre? Enquanto o sabor amargo das lágrimas lhe regava o rosto e deslizava pelos lábios, decidira não negar mais nada a ninguém que lhe pedisse por amor de Deus. Nunca mais.

Ressurge daquela recordação e revê os rostos dos pobres com os quais durante os anos havia cruzado, chamado pelo nome, com os quais se entreteve, dos quais respirou os miasmas e também suportado os modos muitas vezes agressivos e desdenhosos. Os vencidos não se deixam submeter facilmente.

Recorda também os tantos pães quentes, apenas tirados do forno, que dispunha sobre a grande mesa de casa quando o pai estava ausente e à mesa estavam só ele e a mãe. A ela, admirada com tanta abundância, dizia que aquele pão era devido a quem o pedisse por amor de Deus, porque já pertencia a estes. E os chapéus, os cintos e as camisas que dava aos indigentes quando no momento não tinha outra coisa. Não queria despedir ninguém de mãos vazias.

Francisco vê agora que naquele contato com os pobres havia começado a perceber dentro de si os sinais de uma presença que o atrai sempre mais. A sua companheira, aquela inquietude que lhe é familiar, o toma pela mão e o leva ao encontro dos humilhados, e com eles em direção a Alguém que ele ainda não pode dizer que conhece pessoalmente.

Agora Francisco vai para lugares onde não é conhecido e experimenta trocar suas vestes com as dos pobres e pedir esmola. Certo dia, a este pedido um maltrapilho zombou dele até ferir o seu orgulho. Os pobres desalojam toda hipocrisia. O que queria dele aquele rapaz? Humilhá-lo ainda mais? Dar uma de bonzinho com os seus trapos? Que se sentasse, mas devia dizê-lo com franqueza, e cuspiu-lhe literalmente no rosto. Já estava sem dentes e com suas palavras borrifava o rosto delicado de Francisco com os respingos de sua saliva. Francisco afastou-se, quase amedrontado. Os pobres não são poéticos, têm carne e sangue, não podemos fazer com eles o que quisermos para parecer bons. É preciso ir ao seu encontro. Então procurou tocar o braço daquele homem e cruzou com seu olhar. Não o conhecia e lhe foi mais fácil.

Às vezes irrompe entre os homens um entrosamento repentino e inexplicável, capaz de derrubar muros e resistências. Desta vez havia sido um encontro, uma troca de olhares e de contato, uma abertura recíproca. Francisco não tinha mais medo, começava a aprender com os pobres, e não só a fazer alguma coisa por eles.

Francisco recordará este fato anos mais tarde, quando um irmão lhe falará duramente acerca de um miserável, dizendo que "talvez em toda a província não haja mais rico em vontade do que ele"[19]. Depois de repreendê-lo, obriga o irmão a ir ao encalço daquele homem e, depois de despojar-se até ficar nu, pedir-lhe perdão por ter pensado mal dele. O irmão vai e o faz. Francisco lhe recorda que o pobre é como um espelho no qual se deve reconhecer a pobreza e a enfermidade do próprio Cristo.

O filho de Pedro e Pica começa a aprender e compreende que não pode continuar fazendo tudo sozinho e decidir sempre por si mesmo os tempos e os modos de sua vida. Deve aprender a deixar a iniciativa aos outros, a um Outro.

Assim começa a obedecer ao seu impulso, que o transforma lentamente. Poucos dias antes de morrer, escreverá no seu *Testamento* que o Senhor havia tomado a iniciativa ao longo de seu caminho. E ele havia aprendido a acompanhá-lo.

A caminho

O caminho ajuda muitas vezes a voltar a si e a repor as coisas em seu lugar. Francisco sabe disso, o experimentou desde criança e adquiriu a consciência de que as crises são superadas ampliando os horizontes. E assim, naquele momento difícil para ele, se põe a caminho de Roma e vai como peregrino até aos túmulos do apóstolos.

Desta vez o caminho é diferente daquele que o levava à França. Sim, a via Francigena leva também a Roma, mas

---

[19] *Compilação de Assis*, 114; FFC, p. 690.

agora Francisco prefere percorrer outra via, chamada "corredor bizantino". É por sua vez uma via antiquíssima, visto que remonta diretamente ao Exarcado que o Império romano do Oriente havia constituído em 585 d.C.: uma governadoria militar com a capital em Ravena, concebida para subtrair às influências longobardas o percurso de lá até Roma. Este caminho era largo, a fim de facilitar o deslocamento das tropas e, na medida do possível, plano. Em parte retomava as vias consulares romanas, especialmente a via Amerina, que ligava Cássia à cidade de Amelia.

O trecho inicial da viagem de Francisco o leva a costear Todi e em seguida Terni, para chegar a Narnia, hoje Narni, a praça-forte que os romanos só conseguiram conquistar à custa de enormes esforços. Em seguida desce para Amelia, que o acolhe com os muros megalíticos e seu povoado protegido. Depois, eis que chega a Orte, antiga cidadela imersa no verde, em meio ao qual se ergue sobre as pedras porosas.

Após uma parada, retoma a viagem ao longo do curso sinuoso do Tibre. Nepi, a cidade das águas, é outra etapa, entre os Monti Sabatini e os Monti Cimini, à qual chega afastando-se do contíguo vale do Tibre, ao qual depois retorna. Aquele que inicialmente parecia um panorama plano e monótono reserva, ao invés, a surpresa de gargantas e despenhadeiros, que em certos trechos o tornam selvagem. A campanha romana tem sua beleza austera, que o fascina. Hoje se a percorrêssemos a pé estaríamos sozinhos, mas então o jovem Francisco podia caminhar com outros peregrinos, encontrar concidadãos e comerciantes, soldados que voltavam para casa e todo tipo de pessoas. Era uma estrada principal.

Atravessa o Agro Falisco, costeia Civita Castellana até Castel Sant'Elia, para finalmente dirigir-se à Cidade Eterna e entrar nela justamente pela parte de trás da basílica de São Pedro.

O panorama era muito diferente do atual. A basílica constantiniana, que remontava ao século IV, compativelmente com as técnicas da época era quase tão imponente como a atual – cinco naves com cobertura de madeira, cento e vinte altares – e ainda mais vetusta do ponto de vista de um peregrino do século XIII como era Francisco de Assis. Surgia sobre o que no seu tempo havia sido o Circo de Nero, e sobretudo sobre a necrópole na qual, segundo a tradição, está sepultado Pedro o pescador, o amigo de Jesus e primeiro papa.

A basílica o acolhe com seu amplo quadripórtico, povoado de pobres e mendigos. Quando entra naquela aula imensa é tomado de estupefação, percebe uma presença. Os mosaicos da abside lhe mostram o rosto de Cristo que transmite a lei aos apóstolos Pedro e Paulo. Detém-se junto ao altar e venera o antigo oratório que sinaliza o troféu, o lugar do túmulo de Pedro. Detém-se longamente, é dominado pelo silêncio que havia aprendido a escutar dentro de si, também graças ao longo caminho a pé que o levou até ali. O vai-e-vem dos peregrinos não o distrai daquela paz profunda que o conquista como a ressaca aproxima e afasta a água da linha de arrebentação. Percebe dentro de si o entusiasmo de Pedro e juntamente os seus medos. Escuta novamente aquela inquietude que nunca o abandona. Também o pescador da Galileia era assim. Um pouco covarde e um pouco temerário. Mas sobretudo tinha um grande coração. E o seu, com entusiasmo, agora bate forte, mas se sente finalmente em casa e se aquieta.

Francisco não tem mais medo. Aquela paz é o sinal que esperava.

O tilintar das moedas que os peregrinos jogam como oferta em direção ao altar do príncipe dos apóstolos chama sua atenção. São míseras doações, sinal de uma piedade avarenta. Mais uma vez toma conta dele o ímpeto de sua generosidade natural e junto com ela, talvez, a recorrente necessidade de deixar os outros estupefatos. Então abre o saquinho que trazia pendurado na cintura, pega o dinheiro e depois o lança a mancheias. Como o granizo cai, bate e se acumula, assim é o som daquelas moedas que são despejadas e se amontoam. Muitos se viram para o rumor de tanta prodigalidade. Alguns ficam admirados, a maioria sacode a cabeça diante da irresponsabilidade do jovem, outros sorriem zombeteiramente porque um rico pode permitir-se até isso. Ninguém sabe o que o move. Nem ele.

Finalmente sai, se detém, respira o ar romano daquela primavera e, sobre o frontão da basílica, vê novamente no alto Cristo entre São Pedro, a Virgem e os símbolos dos quatro evangelistas, junto com os anciãos do Apocalipse e as imagens de Jerusalém e Belém. Ele conhece esses sinais, que o fazem sentir-se parte de uma história que remonta às origens do mundo e é guiada por Deus. Nunca como agora se dá conta de que ele próprio tem sua parte neste caminho. Ainda não sabe qual é esta parte, mas está crescendo dentro dele e ele quer reforçá-la. Sabe que será grande, porque não é um tipo de contentar-se com pouco. Sempre quiz tudo quando se importava com os "servos"; por que não deveria continuar a fazê-lo também a serviço do "Senhor"?

Volta-se para o grande átrio apinhado; o rumor das vozes e dos passos não o distrai daquela paz que o visitou junto ao troféu de Pedro.

Sente mais uma vez o impulso, tranquilo e imperioso ao mesmo tempo, de tomar emprestadas por algumas horas as vestes de um pobre, ao qual oferece as suas. De resto, já não lhe havia agradado mandar costurar panos baratos em combinação com aqueles preciosos? Então havia sido um truque extravagante, mas agora escolhe somente farrapos fedorentos, veste-se com eles e assume o lugar do maltrapilho; pede esmolas em francês, sentindo vergonha e ao mesmo tempo um sentimento de liberdade e de alegria que não conhecia. Encontra-se assim novamente misturado com miseráveis ao menos por um dia inteiro. Não conhece ninguém e ninguém o conhece. Em certo sentido, se sente finalmente no nível de qualquer outro homem. Mas podemos também aventar a hipótese de que o impulso de utilizar o idioma materno sinalize a consciência, talvez ainda confusa, de estar usando a língua dos cavaleiros, dos paladinos e dos poetas em vista de um objetivo que não se poderá corromper.

Francisco está agora do outro lado da barricada e vê as coisas de maneira diferente. De repente sente fome e come avidamente com aqueles pobres o que encontra, ele que era de paladar refinado. Não sabe por que o faz. Algo maior do que ele o agarra, desperta nele uma verdadeira loucura e o impele a viver o que não conhece, mas que o está atraindo. É um misto de amargura e de doçura. Sente que deve experimentá-lo, mergulhar nele deveras. Para ele será sempre assim, viver vem antes de qualquer ideia.

A loucura entra nele e encontra um terreno bem preparado. Pode-se chegar por outro caminho ao que é realmente humano?

Depois de alguns dias em Roma, retoma suas vestes e o caminho para Assis, confundido finalmente entre a multidão de pobres e de miseráveis que enchem a cidade e também as rotas dos peregrinos. Nada o distingue dos outros. Dinheiro não tem mais, as vestes outrora elegantes agora estão gastas e imundas. Está mais tranquilo, definitivamente feliz. Traz consigo o dom daquela paz transformada em doçura, que se fará sentir de novo, em breve.

Finalmente entra de novo em Assis. Já que não tem mais nada no bolso, talvez por isso não está preocupado nem sequer com a reação do pai, que já não pode tirar-lhe nada. De resto, ao menos no início, a família o acolhe como um sobrevivente. Andar em peregrinação era normal em seu tempo, mas retornar vivo já era uma graça. Francisco reaparece diferente, como que alienado. Presa da inquietação herdada da mãe, ou de alguma outra coisa?

Volta a trabalhar no empório da família. Quando há trabalho, faz o seu dever. Mas às vezes desaparece. Sente a necessidade de estar sozinho e muitas vezes procura refúgio longe da multidão da loja e da cidade. Entre outros lugares, frequenta uma gruta fora de Assis, para onde se dirige com um amigo. Ele despertou curiosidade no amigo e o convenceu a acompanhá-lo, dizendo-lhe que está procurando "um tesouro". Eles vão à gruta repetidamente e todas as vezes o amigo permanece fora, na entrada, esperando que ele volte com as mãos cheias de riquezas. Mas, na realidade, o tesouro anunciado é de outro tipo: sozinho, no antro escuro, Francisco reza "em segredo" e trava "uma luta tremenda" com Deus, ao qual pede insistentemente que lhe manifeste a sua vontade, a fim de que possa fazer dela um tesouro. Não troca confidências com o amigo que o acompanhou, o qual, no entanto, aceita as regras do jogo porque intui que está acontecendo algo importante[20].

Ele não é mais o jovem Francisco que todos admiravam e ainda não é o novo. Não está mais concentrado completamente na loja e nas festas e tampouco sabe o que fazer. Em certas fases da vida, sobretudo na primeira juventude, existe uma força que nos pressiona interiormente e junto com ela existe temor, porque não a conhecemos. Deste trabalho emerge a vida adulta. Intuímos algo acerca de quem seremos e o queremos, mas da borboleta ainda existe apenas o casulo. A juventude que parece despreocupada tem a sua dor e o adulto o sabe. Voltar a ser jovens não é possível, porque é única aquela labuta da qual nasce o adulto.

Agora Francisco, por um lado, se atormenta e, por outro, está em gestação nele algo novo. Passagem incômoda e fecunda ao mesmo tempo.

Por isso frequenta lugares solitários e caminha e procura. Pede a Deus que lhe mostre para que coisa o está chamando. Agora tem clareza: não é mais ele sozinho quem decide para onde ir, o que fazer e como fazer. Começa a ouvir atentamente, a ter confiança, a obedecer. Desta vez não encontrará sozinho o caminho.

---

20 Tomás de CELANO. *Primeira vida*, livro I, cap. III, 6; FFC, p. 152s.

Capítulo 3

Misericórdia e penitência

O encontro com quem não existe

Francisco atravessa o vale de Assis, na época imerso no verde-prata das oliveiras enquanto se desce, respirando ar puro. Há gado que os camponeses deixam pastar livremente, mas cuidando que não invada as formações de terraços aproveitados para os cultivos. Quando cruza com um agricultor ou um vaqueiro, saúda-o primeiro com voz clara e levantando a mão. Outras vezes se detém para olhar os homens que trabalham nos campos, admirando a sabedoria dos seus gestos. Algumas vezes se ofereceu para ir ao poço mais próximo a fim de buscar água fresca que os revigorasse. Eles o olharam perplexos, mas anuíram e lhe entregaram um cântaro para encher. Agora, quando passa pelos atalhos entre os terrenos agrícolas, alguns o reconhecem e respondem à saudação. Sorriem para ele. Alguns lhe oferecem uma fatia de queijo. Tornou-se uma presença familiar, faz parte da paisagem.

Muitas vezes não hesita em enfiar-se no lugar mais denso da mata e entre as áreas pantanosas que tornam o ar insalubre. Ali, para onde ninguém pensaria em deslocar-se, nos espaços solitários que são o oposto da cidade apinhada, ele pode prestar ouvidos àquela inquietude que cresce e dá forma lentamente aos seus desejos, maiores do que ele como sempre, mas agora totalmente novos. Ele não sabe muito bem o que procura, mas o procura. Não podendo fazer algo melhor, espera, se coloca à disposição.

Frequenta as igrejas menores e remotas, para onde poucos se dirigem. São testemunhos de fé e de respeito a Deus, erigidas por alguém que talvez tinha uma promessa a cumprir. Mas agora permanecem geralmente desertas e muitas vezes estão em ruínas. À catedral e às outras igrejas grandes Francisco prefere aqueles espaços apertados e modestos, aquelas imagens pobres e desbotadas, aqueles muros rachados e tetos arrombados. Sem dúvida, na vastidão das cinco naves da basílica de São Pedro havia percebido uma presença, indelével; no entanto, nos lugares pequenos experimenta uma realidade mais familiar. Sempre gostará de rezar e demorar-se nas igrejinhas. Sente que lhe são mais adequadas, talvez lhe falem de um Deus que se fez pequeno para não humilhar-nos e dar-se a conhecer de uma maneira diferente. Experimenta controlar esse sentimento e acolher sua força.

Agora está sempre mais longe de sua casa paterna e procura uma outra. Sempre que pode, segue seu caminho sem preocupar-se com as aparências, sem reparar que suas vestes se sujam e às vezes se rasgam nas sarças. Certo dia, enquanto vagava pela floresta cantando em francês, se deparou com ladrões. De longe provavelmente imaginaram tratar-se de um rico senhor que se perdera; mas, quando chegam perto dele, dão-se conta de que desse tipo estranho não têm nada a arrancar. Perguntam-lhe quem ele é, e ele responde seriamente: "Eu sou o arauto do grande rei". Primeiro zombam dele, depois descarregam nele socos e cacetadas: Francisco suporta sem procurar defender-se, como se merecesse aquele espancamento. Antes de se afastarem o jogam numa valeta cheio de neve; ele a recolhe a mancheias e se limpa sumariamente do sangue que lhe escorre de um corte na cabeça. O tempo se encarrega de aliviar os hematomas. Francisco se levanta e retoma seu caminho. Recomeça a cantar e se dirige a um mosteiro, onde espera que não lhe neguem acolhimento para a noite.

O episódio pelo menos lhe confirmou que para os indefesos nenhum caminho é seguro. As dores que sente em todo o corpo lhe recordam que para muitos viajantes, para muitos homens e mulheres pobres, a existência é cheia de perigos. Também o é a vida que ele começou. O tempo em que vive apresenta riscos concretos, tangíveis. Há alguns anos os bandos de bandidos se teriam mantido longe dos confins da cidade, mas ao que parece as coisas mudaram. Também ele está mudando. E aceita o fato.

Na cidade as coisas não estão melhores para ele. Eventualmente, piores. Todos o conhecem, ficaram sabendo daquele seu novo e excêntrico modo de comportar-se e também o presenciaram. Não hesitam em apontá-lo com o dedo, em insultá-lo.

As pessoas gostam muitas vezes de humilhar os que até há pouco exaltavam. Acontece também com Francisco. Tememem talvez que ele tenha algum mal estranho insondável e que possa contagiá-las. Ou então sentem-se traídas. Quem o encontra provavelmente se enfurece porque, diferentemente de tantos outros, ele tinha tudo e o está jogando fora. Era rico, admirado, brilhante. O que sobra dele? Marginalizou-se e as pessoas não têm ideia do motivo que o levou a afastar-se do âmbito civil. Ao vê-lo, alguns se escafedem, outros torcem o nariz e mudam de direção. Houve quem chegasse a atirar-lhe pedras. Até as mulheres humildes e os criados murmuram ao cruzar com ele, às vezes se permitem escarnecê-lo a meia-voz.

Mas, já que entre as suas prioridades ocupa agora o primeiro lugar a espera de uma palavra nova da parte de Deus, Francisco não tem tempo a perder com as convenções e as conveniências. Aceita pagar o preço, ou seja, que o considerem louco e o tratem como tal. Ele é inteligente e sabe que o seu modo de agir o está levando a sair da proteção da cidade. Paradoxalmente se corre mais perigo no centro de Assis do que no coração da mata. Para não causar contínuo embaraço a si e aos outros, prefere caminhar fora dos muros. Frequenta os cantos afastados, os lugares solitários. Tornou-se conscientemente uma espécie de homem dos bosques, quase selvagem. Seus passos o levam também a São Damião, que considera um lugar ideal, mas não pode instalar-se ali. O sacerdote a quem está confiada a igrejinha, compreende que dentro dele há uma insatisfação interior e não o trata mal; de preferência, se compadeceu, e algumas vezes até lhe restaura as forças. Mas, ainda temeroso das possíveis reações do pai após o episódio dos tecidos franceses, lhe diz que não pode permanecer ali.

As relações familiares já estão comprometidas e, de resto, ele não tem mais nenhum desejo de retomar a vida de antes. Encontra hospitalidade como ajudante de cozinha num mosteiro próximo a Gúbio, mas descobre que nem mesmo estes lugares sagrados conhecem a caridade: a muito custo lhe dão uma sopa rala em troca de trabalhos muito pesados. Em Gúbio, pelo menos, um amigo lhe oferece uma túnica e um cinto e ele pode cobrir-se com roupas novas. Parte novamente também dali, impelido a ir sempre mais longe.

Mas para onde ir? Afastou-se da casa paterna e agora não sabe qual é sua meta. Resta-lhe apenas o caminho, por enquanto. Entrou em diversos lugares e saiu deles, andando sempre além, e aos poucos, enquanto atravessa a suave zona rural entre Gúbio e Assis, começa a ver que não há nenhum lugar físico para acolhê-lo. Não pode voltar para casa e não consegue encontrar uma outra. Sabe que existe uma meta, mas agora vê com mais clareza que não cabe a ele reconhecê-la.

Francisco deve parar de procurar e deixar-se encontrar. O seu perambular de fato é a confirmação de que se pôs à disposição. Quando Deus quiser, o encontrará preparado onde quer que Francisco esteja.

Em certo momento, não muito tempo depois da peregrinação a Roma – portanto, aproximadamente entre 1204 e 1206 –, o caminho o leva entre os leprosos, ou seja, na prática, entre os mais rejeitados da época, pessoas com as quais ninguém queria ter relações.

Hoje conhecemos esta doença como "mal de Hansen" ou "hanseníase", identificada em 1873: é uma doença infecciosa e crônica que ataca o corpo pela pele e pelos nervos, provocando manchas e lesões cutâneas e causando uma perda de sensibilidade na região atingida. Raramente leva à morte, mas pode desfigurar e inabilitar progressivamente quem a contraiu. Com a descoberta dos antibióticos, no início do século XX, foi finalmente especificado um tratamento eficaz, mas nos séculos anteriores era considerada um flagelo incurável. Não é uma doença muito contagiosa; portanto, não é totalmente claro como na Antiguidade fosse tão recorrente, mas é possível que, sob este nome, fossem associadas patologias diversas com aparência de certo modo semelhante. Seja como for, a lepra acompanha a comunidade humana há milênios. A Bíblia fala muitas vezes de leprosos e no Evangelho Jesus se encontra com eles e cura muitos. Das descrições evangélicas podemos deduzir como na Palestina aqueles doentes eram isolados e considerados impuros, além de contagiosos. Justamente daquelas regiões, nos séculos XII e XIII, a lepra se difunde na Europa ao ponto de tornar-se endêmica. Foi o efeito colateral do aumento das relações entre Oriente e Ocidente, e em particular das peregrinações à Terra Santa e das cruzadas, porque os primeiros a contraí-la foram homens que haviam passado uma temporada naquelas regiões.

Era arraigada a convicção de que o contágio se difundia com a respiração e por isso era necessário manter a uma distância conveniente os infelizes que a contraíam. Paralelamente, se difundira também uma convicção de tipo diferente: quem havia contraído uma peste tão repugnante, uma verdadeira condenação à decomposição física, devia ter cometido algo gravíssimo, para atrair aquele castigo de Deus. Certamente se manchara com comportamentos tão reprováveis, a ponto de merecer o que lhe havia acontecido. Este tipo de consideração facilitava a expulsão daquelas pessoas da sociedade civil. Tornava mais fácil pacificar a mente. No fundo – se autojustificavam as pessoas de bem – não eram, na prática, ímpios? Que se mantivessem longe dos olhos.

Mas nem todos pensavam assim. Aquela civilização cristã não podia ignorar que Jesus se havia comportado de maneira diferente com os leprosos. O Filho de Deus feito homem não se havia importado de escandalizar os bem-pensantes: aqueles doentes imundos ele os havia observado, frequentado, tocado, abençoado e curado. Fizera deles um emblema de caridade que os seus seguidores não podiam ignorar. E, portanto, aquelas chagas purulentas, aquele abandono irreparável, evocavam os sofrimentos de Cristo e faziam vislumbrar um convite à conversão. Ainda que os leprosos tivessem sido os piores entre os pecadores, talvez não o sejamos todos? E o Redentor não morreu por todos?

Por isso havia os que visitavam aqueles pobres rejeitados e, embora respeitando o distanciamento imposto pela saúde e pela conveniência, traziam para eles comida, linimentos, ou seja, preparados medicinais, unguentos para uso externo e esmolas. E alguns formavam até mesmo uma comunidade de vida com eles sob a direção de um clérigo. Não estavam totalmente abandonados, ainda havia caridade no mundo.

O vale de Assis era um lugar populoso e de trânsito e a cidade era densamente povoada: provavelmente entre três e quatro mil habitantes. Também nessas regiões a lepra se tornara parte do panorama, tanto que havia uma dezena de leprosários nos arredores. Os campos do pai de Francisco estavam próximos de alguns destes leprosários. Francisco havia deixado diversas vezes faixas e pão junto à porta; mas agora repensa, vê com olhos não mais míopes e se decide a entrar nesses lugares. Vai, portanto, encontrar-se com os leprosos, os mais pobres entre todos, com chagas horríveis, descarnados, corpos que caem aos pedaços e, apesar disso, ainda se arrastam, vivem. Ele sente que deve unir-se a eles. Francisco os beija e os abraça. Nele moveu-se algo que o impele a procurar Cristo além de todas as barreiras, e esta é a mais intransponível que os seus tempos conhecem. Atrás daqueles muros moram pessoas que Deus ama e que talvez possam ensinar-lhe alguma coisa sobre o amor. Não se trata de identificar-se com aquela disposição de ânimo virtuosa que os sacerdotes denominam "praticar a caridade". Francisco não quer inclinar-se sobre os indigentes e assisti-los piamente, porque semelhante comportamento implicaria estar e considerar-se acima deles. Ele quer situar-se no mesmo nível deles, encontrar um ponto de chegada na carne fétida e desfigurada daquelas pessoas, que eram simplesmente "inexistentes": numa cultura na qual o indivíduo só existia se estivesse inserido num grupo maior, a família, a cidade, a corporação, aqueles coitados eram excluídos de qualquer pertença. Os mais pobres entre os pobres.

A inquietude que Francisco percebe e está tomando forma o impele a transpor aquela fronteira dramática. Se em Espoleto precisou voltar atrás e não avançar para a guerra, com a ajuda dos sonhos, aqui ele se detém e envereda por um caminho que o leva aonde nunca poderia ter imaginado, sem visões ou palavras especiais. Aceita tornar-se leproso entre os leprosos, se Deus o quiser.

Até então, quando encontrava aqueles infelizes, ele "sempre virava o rosto e tapava o nariz com suas próprias mãos", ao passo que agora vai viver com eles. E com uma diferença. Torna-se companheiro e amigo deles, aprende a permanecer no meio deles e a servi-los humildemente[21]. Eles não são um sinal do pecado, mas pessoas humanas como ele. Podem amar, falar, olhar o céu e a luz do sol. E, sobretudo, Cristo os ama. Isso os torna infinitamente dignos de estima e de afeto.

Mais uma vez, a meta do seu caminho se apresenta a Francisco como algo que não é um lugar, nem um santuário, e nem mesmo o recinto de um leprosário, mas a vida. Não a sua vida anterior, incrementada pelos desejos de glória subjetivos, mas aquela que finalmente ele tocou com a mão, a dos últimos, dos excluídos, onde toda rua parece sem saída. Para ele, pelo contrário, justamente ali começa o caminho.

Uma palavra resume esta passagem e Francisco só saberá expressá-la vinte anos depois, quando, antes de morrer, escreverá no seu Testamento: "O Senhor concedeu a mim, frei Francisco, começar a fazer penitência: como se eu estivesse

---

21 *Legenda dos três companheiros*, cap. IV, 11; FFC, p. 578.

em pecados, parecia-me sobremaneira amargo ver leprosos. E o próprio Senhor me conduziu entre eles, e fiz misericórdia com eles. E, afastando-me deles, aquilo que me parecia amargo se me converteu em doçura de alma e de corpo"[22].

"Fazer misericórdia": antes de ser um trabalho e um serviço, a misericórdia é lâmina que penetra na carne de Francisco. Quando transpõe aquele limiar, dentro dele cai uma espécie de véu. Descobre que, assim que começou a aproximar-se daqueles leprosos sem barreiras, quando experimentou abrir para eles seu coração e olhá-los como irmãos, aconteceu um milagre. Revelou-se a misericórdia, mas não como havia acreditado no início. Esta, como o amor, segue um fluxo particular, é um percurso de mão dupla. Assim como amar, se o amor não é correspondido, não leva senão ao desespero, o mesmo ocorre com a partilha profunda. Francisco havia pensado em dar misericórdia, mas a recebe deles, dos leprosos, e só por isto pode restituí-la, torná-la dinâmica, fazê-la circular. Esta guinada existencial não ocorre através de visões, orações, obras de piedade, atividades sociais ou experiências religiosas especiais, mas na carne dos "inexistentes" que o acolheram e lhe permitiram que os servisse. Sim, porque são os pobres que nos permitem o privilégio de sua amizade e não somos nós que a concedemos com condescendência.

Através da condição de morte dos leprosos, Francisco relê sua situação de pecado e de distanciamento dos outros e de Deus, causada sobretudo por sua necessidade de afirmar-se.

---

[22] *Testamento*, 1-3; FFC, p. 141.

Uma nova brecha se abre nele e lhe revela uma nova passagem para o mistério daquele sofrimento que, em relação com a Cruz de Cristo, se tinge com uma cor nova e um sentido novo. Se Jesus aceitou o caminho para o Calvário, Francisco precisava consentir que o próprio corpo e a própria alma percorressem o mesmo caminho. Instintivamente ele se desviava da experiência da dor, não queria passar por ela. No entanto, agora ele sabe que, de algum modo, a experiência da dor é a realidade decisiva da existência humana, que não se pode omitir, sob pena de não viver a vida plenamente.

Graças a este encontro, alguma coisa mudou nele; Francisco enxerga a verdade para além das aparências. Os leprosos são o exemplo mais tangível da necessidade de amor, mas não o único. Nesta escola ele aprendeu a olhar o mundo sem estabelecer limites onde Deus não os estabeleceu, e foi recompensado: através dos doentes abriu-se um rosto novo de Deus. Só agora ele pode finalmente começar a conhecê-lo. Por isso sempre quis voltar a servir aos leprosos, mesmo quando estava prestes a morrer. E o queria para seus irmãos. Para não pararem, para não se fecharem, para reconhecerem-se pobres como eles, para serem despojados dos sonhos de glória e das suas ilusões, para retomarem sempre o caminho.

O mundo a que Francisco pertence havia estabelecido há séculos os limites de cada indivíduo e de cada grupo social, mas agora estes limites se desgastaram. Um impulso de novidade se choca com as inércias da realidade feudal naquela passagem de um século a outro, e o jovem o vive e o expressa com seu salto para aquele mundo de "inexistentes". Um choque entre universos diferentes, um estático e o outro em movimento; entre duas culturas, uma devota da repetição e a outra aberta à mudança; entre dois cosmos religiosos, um que traçava limites entre céu e terra e o outro que reconhece Deus presente em todas as criaturas.

Mas há algo mais. Por um tempo a ambição do jovem assisense, em parte herdada do pai, havia sido a de subverter a ordem social, ou melhor, escalá-la e chegar ao topo. Havia olhado os pobres de cima para baixo, exatamente como nos nobres havia visto adversários a derrotar para exaltar-se e competir. Com efeito, também as esmolas são às vezes um ato de condescendência. Agora ele tem uma percepção totalmente diversa, profundamente transformada.

Francisco atravessou finalmente aquela inquietude que não sabia denominar no sinal do "fazer misericórdia". Uma maneira diferente de superar o medo do outro, o medo de si, o medo de um Deus que só agora ele começa a conhecer realmente, num rosto cheio de dor e de amor.

E o deve ao rosto desfeito dos últimos entre os últimos.

O rosto

Agora Francisco vive sempre mais entre os leprosos e os serve. Num final de tarde, em que a cor das oliveiras invade toda a paisagem, sai ao ar livre por um momento. Vê a cidade, situada no final da rua, no ponto de encontro entre a planície e a montanha. Mundos diversos que convivem, como leprosos e homens que se consideram "sadios". Compreende que estar com os "inexistentes" o está mudando, mas nem tudo é positivo e se dá conta de que está muito longe de controlar o que está vivendo. Com efeito, a inquietude tomou conta dele novamente e se transforma até em medo e horror, que lhe criam como que fantasmas diante dos olhos: parece-lhe ver seu destino no rosto de uma senhora corcunda e lunática muito conhecida em Assis, que vagueia pelas ruas e todos a evitam porque muitas vezes tem acessos de fúria. Se continuar assim, tornar-se-á como ela, torto por dentro e por fora? Mas repele essa sugestão.

Certo dia, enquanto caminha pela ladeira que do Subásio desce para a planície, em direção aos leprosos, passa mais uma vez perto da igrejinha de São Damião. Sente um forte impulso de entrar, e permanecer ali em silêncio. Ele precisa e isto lhe faz bem. Ajuda-o a reencontrar em si um ponto que reúna o que ele vive. Permite-lhe estar na Presença. Nada mais.

Na capela, bastante decadente, seu olhar se habitua lentamente à penumbra, até que, à luz da lâmpada a óleo que anteriormente ele próprio havia cuidado de alimentar, reconhece aquele Rosto que já lhe era familiar. O grande crucifixo pende sobre o altar e o seu olhar é profundo, pacífico, ardente. Sabe-se lá quem o pintou, mas devia ser um homem de fé, e pôs a arte a serviço desta tensão interior. Aqui, de fato, Francisco enxerga uma beleza que vai além da expressão artística. A realidade nua de um homem torturado que morre é representada como um ato de acolhida. Os braços estendidos parecem convidá-lo a entrar. Francisco se pergunta como tanta beleza pode estar restrita a um edifício tão negligenciado e decadente. Ele se detém e o olha fixamente. Percebe que ele próprio é olhado antes de olhar. Sente-se conquistado por um olhar; reconhece aquele Rosto porque o de tantos leprosos mudou sua maneira de ver e agora o leva a descobrir de maneira nova o mesmo Cristo que havia visto tantas vezes na luneta da entrada de São Rufino em Assis.

Lá o Cristo juiz lá, aqui Francisco todo olhar e braços abertos.

Será que os leprosos lhe apontaram um caminho novo?

Francisco havia começado a rezar muito mais do que estava habituado até então. Agora uma oração lhe brota espontânea nesta parada: "Altíssimo, glorioso Deus, iluminai as trevas do meu coração"[23]. A oração começa com o olhar imerso na luz de Deus, que precede toda treva. Francisco terá tempo de aprender a reconhecer a luminosidade desta presença refletir-se em todas as criaturas, também onde a escuridão parece mais densa.

As trevas parecem dar nome à inquietude, com aquela névoa que não deixa distinguir os limites, mas antes os apaga e torna mais árduo o caminho. Elas próprias são um sinal da sua busca às cegas, feita de altos e baixos, de paradas e arroubos. Parecem-lhe, no entanto, representar também aquele Francisco egoísta, que ainda pode expulsar os pobres, voltar a aparecer a todo custo, pôr-se novamente a sonhar uma glória toda individual. A bifurcação continua, e uma parte dela almeja a vida de antes.

---

23 *Oração diante do crucifixo*; FFC, p. 120.

Aquela escuridão talvez lhe permita ver que ele ainda não conhece realmente o Senhor. Está a caminho, enquanto sua imagem de Deus está mudando e agora se encontra num momento crucial. Permanece por longo tempo diante do Crucifixo, aguarda seu toque, à sua luz apresenta e expõe sua escuridão. Não para vê-la dispersada magicamente, mas para deixar que extravase o esplendor que vem de um Outro.

Aquele encontro deixa em Francisco uma espécie de ferida, daquelas que permanecem abertas. A ferida do amor. Não a ferida tacanha do seu sentimento, mas do amor do Homem do Crucifixo, que o olha, o atrai e o envia para mais longe. Domina-o um sentimento tão novo para ele que não pode senão abandonar-se a ele. É diferente daquilo que aprendera da mãe em casa e na igreja. Nada a ver com a religião explicada como um dever, ou melhor como um dar e ter, em que se pode pretender que Deus retribua as boas ações, de acordo com uma contabilidade finória que substitui o amor. Ouviu pregações que exortavam a ganhar o céu mais ou menos como seu pai conversava sobre lucros, como uma negociação em que o próprio Criador deve sentir-se obrigado pela bondade humana, articulada em gestos vazios, mas realizados com a pretensão de saldar as próprias dívidas e de endividá-lo. Pode-se porventura saldar as próprias dívidas para com Deus?

E, por outro lado, também os sentimentalismos cavalheirescos que amou na juventude – aquelas gestas de proezas guerreiras que as canções celebravam – agora lhe parecem falsos. Em vez de empreendimentos heroicos, eram apenas arbitrariedades ou atos presunçosos de autoexaltação.

Agora Francisco vê quanta amargura, distância e estranheza havia em todos aqueles comportamentos; aqui, diante do Cristo que quis deixar-se pregar na cruz num abraço sem fim, tudo isso se transformou em doçura, a mesma experimentada no encontro com os leprosos.

A mudança interior ocorrida em Francisco é radical e evidente. Um dos seus futuros companheiros de vida anotará: "A partir daquela hora, seu coração ficou de tal modo ferido e enternecido que, ao lembrar-se da paixão do Senhor, sempre enquanto viveu, levava em seu coração os estigmas do Senhor Jesus, como mais tarde ficou patente de maneira nítida pela renovação dos mesmos estigmas, admiravelmente impressos em seu corpo e muito claramente comprovados"[24].

O que acontece na pequena igreja de São Damião é uma espécie de semente que produzirá fruto ao longo da vida de Francisco, até aquele monte solitário no Casentino pelo fim de sua vida.

Ele não o sabe, mas é apenas o início de um caminho maior.

A sua humanidade trará de muitas maneiras os sinais daquela mudança, sob todos os pontos de vista. Com seu próprio corpo Francisco tem uma relação controversa. Por um lado, sabe muito bem que Deus criou o ser humano à sua imagem e depois até assumiu carne em Cristo, levando todo o ser humano ao vértice da perfeição. Francisco o chama de "irmão corpo", justamente para atestar aquele profundo

---

[24] *Legenda dos três companheiros*, cap. V, 14; FFC, p. 579.

respeito. Por outro lado, já que se sente pecador, é duríssimo na relação com seu corpo e "dificilmente ou nunca quis ser complacente consigo mesmo. Por causa disto, num dia próximo de sua morte, confessou que muito havia pecado contra o irmão corpo"[25].

A ferida aberta pelo encontro com o Crucificado é para ele uma realidade sempre mais abrangente de amor. Conhece o Senhor e se descobre conhecido por ele, sente que é amado mesmo sem o merecer, percebe ser o receptáculo de um amor tão grande que o aguardou, protegeu e guiou até aqui. E aqui começa a irromper dentro dele o pranto pelos sofrimentos do Senhor Jesus: a cruz não é para ele um inócuo sinal religioso de devoção, mas lhe mostra um amor ilimitado e não reconhecido, não correspondido. Explica-lhe até a quais excessos pode chegar quem ama de verdade, até o fim, sem nada pretender em troca, mas esperançoso de receber por sua vez o amor retribuído livremente. Conta-lhe também a história de um Pai que entregou seu Filho para todos os homens. Para ele. Voltam-lhe à memória sua indiferença e seus pecados, todas as vezes que traiu e não aceitou aquela oferta. Daí as lágrimas que irrompem sobretudo nos momentos de solidão passados nas florestas da planície de Assis. É o sinal de uma participação profunda no amor e na dor de Cristo, como na dor dos leprosos, e de quanto era posta à margem.

Toda mudança tem seu preço. Deixa-se uma casa segura para enveredar por um caminho e não se sabe aonde se

---

[25] Ibid.

chegará. Viver sem um casebre é difícil. Francisco o está aprendendo. Seu trajeto não é um trajeto linear; ele fica inquieto, compreende que, chegado a este ponto, precisa derrubar outras barreiras. Retornará a Assis, pedirá esmolas sem preocupar-se com sua aparência diante dos outros; mas efetivamente andará à procura de misericórdia. Na cidade que o rejeitou há pessoas ainda mais necessitadas do que os leprosos, porque estão entregues a uma solidão sem céu, sem amor. As belas vestes, as despensas cheias e os porta-níqueis abarrotados são muitas vezes chagas putrescentes de egoísmo e de soberba.

Naquele entardecer, percebe em si com intensidade a ferida que o "fazer misericórdia" abriu na carne da sua vida. É um fato, aconteceu e ele não pode fazer de conta que não existe. Existe, simplesmente. E muda tudo. Outras fronteiras caem.

Francisco começa a pedir esta misericórdia, e a reconhece cada vez que ela se acende e brilha em torno dele ou é invocada. A ferida de amor o remete para além de si mesmo, porque intui e acolhe, como se fosse um misterioso mas eloquente apelo, o convite a reparar aquela casa que está em ruínas. De seu passado de comerciante conserva o pragmatismo. Os belos sentimentos não redundam em nada, se não se traduzem em ações. Começa a dar uma de pedreiro, talvez desajeitadamente, naquela igrejinha que ameaça desmoronar. Ajuda-o a breve experiência de quando era um cidadão rebelde e construía muros defensivos. Procura adquirir as melhores pedras para reparar a igreja de São Damião, pede-as de esmola aos concidadãos, um trabalho que exigirá tempo e que no fundo não terminará nunca. A Igreja a restaurar é, na realidade, muito maior, mais profunda do que aqueles muros oscilantes num canto da campanha úmbria. Uma igrejinha em ruínas o remete ao seu coração em ruínas. Reparando o coração repara-se a Igreja, e ele o descobrirá lentamente.

As vestes restituídas

Ele não é mais o jovem Francisco que todos admiravam e nem sequer o novo. Embora não saiba ainda precisamente o que fazer, a diferença em relação à sua vida de antes é muito grande. O trabalho na loja, os confortos burgueses já foram deixados para trás. Francisco se sente livre para continuar a busca, sem pedir nada e sem dar conta de nada, mas as coisas não são tão simples e o choque se torna inevitável: a sua simples presença, a sua persistência no caminho que escolheu para si, bastam para desencadear o conflito com o pai e com a cidade. Em seu coração, ele sabe que chegou o momento de enfrentar Bernardone e precisa fazê-lo. É também o momento de procurar e oferecer misericórdia onde há mais necessidade. Por bem ou por mal, deverão chegar a um acordo, a uma aceitação.

No pai de Francisco explodiu um sentimento muito diferente: raiva, pura e simples, suscitada pela dor de quem não compreende e não se sente reconhecido. Ouviu dizer que o fugitivo se reapresentou na cidade e se cobre de ridículo. Sua reação mais imediata é a de manter distância: afirma abertamente não se importa mais com aquele filho enlouquecido, proclama que quer de volta o patrimônio que esbanjou com ele. Mas, na realidade, ainda procura aquele rapaz que ele não reconhece mais, que talvez nunca conheceu realmente. Acontece com os pais. No fundo, aquele filho tivera tudo e ainda mais. Não lhe bastava? Devia ser original, excêntrico e único a todo custo? Na praça da Comuna, que se ergue sobre o antigo foro romano, quantas tagarelices como esta circulam! Os invejosos, os frívolos, os que têm tempo a perder e sentem prazer com as desgraças dos outros não demoram muito a soltar a língua. Alguns cochicham, outros sussurram, outros ainda se conluiam contra aquele que outrora era o mais forte e agora, ferido, pode ser dominado pela manada.

Bernardone se sente defraudado pelo menos na mesma medida em que Francisco se libertou de um peso. O primeiro não sabe ver outro espaço senão a loja e o segundo agora procura igrejas pequenas e pobres onde sua inquietude possa acalmar-se.

Certo dia, enquanto o jovem está à beira das ruas que tanto amava pedindo a caridade em francês, porque por baixo daqueles farrapos permanece um homem culto, o pai reage: vai procurá-lo. "Voa como lobo para cima da ovelha e, olhando-o com rosto ameaçador e furioso, tendo-lhe lançado mão, arrastou-o para a própria casa de maneira bastante irreverente e indecorosa"[26]. Ali o mantém prisioneiro. Francisco aceita e aguarda, até que o amor da mãe lhe restitui a liberdade, aproveitando a ausência do marido. Era uma família estranha

---

[26] Tomás de CELANO. *Primeira vida*, livro I, cap. V, 12; FFC, p. 155.

aquela, com sentimentos e reações muito diferentes entre si. Francisco cresceu ali e aprendeu assim o ofício de viver, como tantos outros. Com efeito, apesar de tudo, Pedro é animado por um sentimento de afeto paterno. Conhece a sociedade e a cidade em que vivem e sabe, portanto, que ultrapassar certos limites é perigoso. Quem o faz embaralha as cartas e se expõe a qualquer consequência. O que será desse filho se continuar a ultrapassar a tal ponto os limites? Enquanto se tratava de festas e banquetes, e até de vestes com pedaços de pano diferentes costurados juntos, podia tolerar. Mas agora há algo a mais e é demais para todos.

Esta tensão não podia continuar. Era necessário algo que a resolvesse e o ajudasse a dar um passo mais decidido. Por isso – e é típico dos temperamentos impetuosos – certo dia Pedro Bernardone não aguenta mais e explode, quase perde a cabeça. É como se tudo o que acontecera nos últimos anos passasse como um relâmpago diante de seus olhos. Revê as pequenas e grandes extravagâncias do filho, os desperdícios, as vestes preciosas tratadas como farrapos, a armadura que lhe comprou em vão, os banquetes de grande senhor e todos aqueles amigos que se aproveitavam de sua generosidade, obviamente com o dinheiro paterno. Também o revê no balcão da loja, capaz de fazer todos se sentirem em casa, cada um respeitado pessoalmente, e, portanto, capaz de vender facilmente e fazer ótimos negócios. Nisso Francisco até o havia superado. Tinha diante de si uma carreira brilhante.

Mas não tem o mesmo sentimento do valor do dinheiro, nem mesmo um pouco. E isto é mais importante do que qualquer outra coisa. Ganhava-o facilmente e do mesmo modo era capaz de doá-lo, sem pensar. Eram dois mundos diferentes, e o pai não chega a compreender o que passa pela cabeça daquele filho e tampouco por seu coração de poeta, que continua a atribuir à mãe. É insuportável também a simples ideia de que o dinheiro deva ser considerado um obstáculo, ou mesmo um pecado. E que, depois de ter recebido tudo dele e tê-lo recebido a mancheias, agora aquele ingrato – aquele amado – filho rejeite o fruto das fadigas e da astúcia com que Pedro o ganhou. É uma afronta imperdoável. A verdade é que Francisco se apossou de tecidos e dinheiro, sacia a fome dos pobres e os veste com seu dinheiro. É hora de acabar com isso; pedirá que lhe restitua o produto do roubo. Não há outro caminho senão recorrer aos magistrados da cidade. À custa de obrigá-lo a trabalhar por decreto.

Bernardone pensa em tudo isso enquanto desce e sai pelas ruelas que o levam à casa do bispo, onde lhe disseram que o filho se refugiara. Sim, aquele filho enchera o vaso da paciência, levando-o a perder a estima diante de toda a cidade de Assis: declarou-se sob a jurisdição do bispo a título de já estar consagrado a Deus. E só porque passa tempo naquela capela em ruínas na encosta do Subásio? Ali onde fora procurá-lo para reaver o seu dinheiro ou o que restava, pedindo ao pobre sacerdote assustado o que acontecera àquele filho? Bastava isto para fazer dele um monge, um eremita ou algo do tipo? Entretanto, não veste nenhuma túnica. Vá entender.

E agora entrou em cena também o bispo Guido. Isto pode ser um problema. O prelado é um homem importante e resoluto, conselheiro do papa Inocêncio. E Francisco se fez amigo dele, fala muitas vezes com ele. O que será que conversam entre si? Já não tem as suas preocupações, senhor bispo? Preocupe-se com seus sacerdotes, que não brilham por seus costumes, como também com os monges e as monjas e com essas senhoras chamadas reclusas, que não se sabe muito bem o que são e o que querem. Fique atento aos cátaros, que se instalaram justamente em Perúgia com um "bispo" próprio, como a tantos outros hereges que brotam como cogumelos. A agitação que havia notado nas suas viagens chegou até a cidade de Assis. Fiquem à vontade, contanto que não se intrometam nos seus negócios.

No entanto, mais uma vez, o que mais o fere é o fato de que Francisco no fundo o julgue duramente porque lhe escorre tanto dinheiro pelas mãos. Certamente, nunca basta a Pedro Bernardone. Não se pode manter o comércio só com os tecidos. Às vezes ele empresta dinheiro, cobra juros, mas não demais; ele se modera. Alguns dizem que ele é voraz; pelo contrário, é sagaz, conhece bem o valor do dinheiro e como é preciso conservá-lo e aumentá-lo. Viu outros comerciantes falirem rapidamente, e não quer ter o mesmo fim. Diversificou as fontes de lucro para não encontrar-se nunca em dificuldades. E, além disso, é pela família que ele se entrega totalmente!

Bernardone não consegue compreender por que o filho tem agora aquela aversão ao dinheiro, não percebe donde vem aquela obstinação. É evidente que sem dinheiro – e muito dinheiro – não se pode viver na sociedade moderna! Quereria talvez engrossar as fileiras dos camponeses que abandonam os campos empobrecidos e se aproximam das cidades à procura de trabalho, só para acabar num inferno de pobreza e de insegurança? Quer realmente estar com aqueles que não contam para nada? É aquela a sua contribuição para a família e a Comuna?

Entretido com estes pensamentos conturbados, misturados com tanta cólera, chega ao arco de entrada do palácio do bispo e, para sua decepção, vê pessoas reunidas ali diante do palácio. "O que querem? Por que me olham? E o sorrisinho daquele fidalgote que me deve um saco de dinheiro? E aquele comerciante de Deruta o que faz aqui, e por que ri zombeteiramente? E olha só aquele senhor Tomás falido, ao qual o crédito nunca basta". Ele os observa, os reconhece, poderia enumerá-los um por um. Nobres, comerciantes, artesãos, senhoras, criados, cada um faz conchavo com seus pares, mas no conjunto formam uma pequena multidão. São muitos. Ele baixa o olhar, abre caminho entre aquela turba de pessoas e atravessa o grande arco, para encontrar-se no pátio interno. Há outros grupos diante do salão onde o bispo recebe, escuta os problemas e as contendas de muitos, julga as causas.

Ele entra e vê o filho confabulando com o bispo sob os olhares dos presentes que olham e comentam. Bernardone não perde tempo. Vociferando, irrompe na sala e dispensa as formalidades. Ele tem o que fazer. Quer de volta imediatamente aqueles tecidos franceses que tanto amava e sobretudo o dinheiro que Francisco esbanjou em Foligno. Para não falar do cavalo e dos adereços, e a lista seria longa demais se devesse elencar tudo. Talvez o senhor bispo queira desembolsar o devido de sua algibeira?

Às vezes ele se deixa arrastar pelos sentimentos, e depois as palavras e as ações desencadeiam consequências irreversíveis. Naquele 12 de abril de 1207, no salão episcopal, de repente Pedro Bernardone tem uma sensação que o congela. Sentiu-a nitidamente no coração e na cabeça, como o fragor surdo de uma porta que se fecha. Ou que arrebenta.

Acontece o impensável. Francisco se afasta e começa a desnudar-se, uma peça de roupa após a outra. As senhoras viram a cabeça para o outro lado, os sacerdotes cobrem os olhos, os homens os arregalam e riem zombeteiramente. Pedro Bernardone abre alas na roda de pessoas que se formou e se encontra diante dele, com a pilha de vestes nos braços. Não traz nada sobre o corpo e oferece aqueles tecidos ao pai.

O bispo desce rapidamente da cátedra e o cobre com seu belo manto de veludo. Não o havia comprado dele.

Assim revestido, Francisco exclama: "Agora direi livremente: Pai nosso que estais nos céus, não pai Pedro Bernardone, a quem devolvo – eis aqui – não somente o dinheiro, mas entrego também todas as vestes. Portanto, dirigir-me-ei nu para o Senhor"[27].

Com aquele gesto o bispo Guido acolheu Francisco sob sua proteção e jurisdição e o veste com uma túnica simples. Não foi um acaso: o bispo governou a diocese de Assis pelo menos desde 1197 e morreu verossimilmente por volta de 1208-1212. Foi um canonista insigne e o papa, que o estimava, pediu-lhe muitas vezes para atuar como juiz e

---

27 Tomás de CELANO. *Segunda vida*, livro I, cap. VII, 12; FFC, p. 228.

mediador em conflitos delicados. Acompanhou e protegeu Francisco pelo menos nas primeiras fases da sua vocação: não só no momento do choque com o pai, mas também por ocasião da subsequente visita a Roma, quando o apresentou a um cardeal que podia introduzi-lo junto ao pontífice.

Agora o jovem é exonerado do poder da Comuna, está livre, embora sob a tutela do prelado, e renunciou publicamente a qualquer direito sobre a herança paterna. O seu despojamento diante do bispo e de metade da cidade encerrou toda discussão: Bernardone queria de volta o devido e se encontra tendo nas mãos tudo o que revestia o devedor. Tecidos preciosos, mas vazios, sem vida, dobrados sobre si mesmos. Resta somente o perfume inconfundível daquele seu filho agora perdido.

E aquelas palavras que disse diante de todos! Relegou-o, portanto, apelando para Deus? Mas o mandamento não diz, porventura, que é preciso honrar o pai e a mãe? E é esta a maneira de agir? Honrar quer dizer fazer o que o pai quer e decide, ou será que não?

Naquele dia, diante de toda a cidade no palácio do bispo, é enorme a vergonha para o comerciante. Habituado a negociar até a exaustão e vencer, desta vez deve tomar as vestes do filho e sair de mansinho. A comunidade, que chamava de louco o rapaz, no fundo não aplaudia nem o pai. Aquela imagem, aquela recordação, o acompanharão até a morte. Teria realmente conseguido compreender aquele jovem? Permanecerá dominado por uma melancólica dor por causa daquela ruptura, porque, agora o sabe, amava seu filho mais que o dinheiro, por mais abundante que fosse.

E Francisco, por sua vez, havia compreendido o pai? O conflito com ele o marcará para sempre. Abandonar o círculo familiar significava deixar de existir; e entrar na vida adulta e na vida religiosa com uma maldição paterna era um fardo pesadíssimo a carregar consigo. Também ele foi duro com o progenitor. Nas semanas anteriores, antes de chegar ao choque definitivo, havia reagido à sua maneira aos repetidos impropérios do pai, pedindo a um mendigo, chamado Alberto, encontrado na rua, que o acompanhasse por toda parte. Este havia ficado perplexo e provavelmente havia pensado: "Quem é este jovem andrajoso? O que lhe passa pela cabeça?" Entretanto, um impulso forte (ou talvez, mais pragmaticamente, a conveniência) o impeliu a fazer o que lhe era pedido. Com efeito, Francisco "tomou para si como pai um homem pobrezinho e desprezado e disse-lhe: 'Vem comigo e dar-te-ei das esmolas que me forem dadas. Quando vires, porém, que meu pai me amaldiçoa, eu te direi deste modo: Abençoa-me, pai. Tu traçarás sobre mim o sinal [da cruz] e me abençoarás em lugar dele'. Assim, quando aquele pobre o abençoava, o homem de Deus dizia ao pai: 'Não crês que Deus possa dar-me um pai que me abençoe contra as tuas maldições?'"[28]

Agora Francisco está livre, graças à pobreza voluntária que abraçou, ou melhor, pela qual se deixou envolver como se fosse o manto do bispo. Agora está livre para Deus, nada se interpõe entre eles. Esta é a essência da pobreza que ele aceita: uma liberdade que é amor, porque não o afasta do

---

28 *Legenda do três companheiros*, cap. VII, 23; FFC, p. 584.

mundo e da beleza das criaturas, mas lhe permite abraçá-los de maneira nova. Não para possuí-los e usá-los, mas para reconhecê-los e gozar com eles da beleza que o Senhor semeou no mundo. O seu coração é tocado por Deus: esta fagulha não se apagará nunca mais, continuará sendo a marca do seu espírito empreendedor, do seu amor, da sua fé.

Não sozinho no mundo

Cavava-se naquele tempo um fosso entre as gerações. A liberdade exigida pelos jovens era nova e rompia esquemas atávicos, considerados imutáveis. O relógio corria mais veloz para os jovens do que para os velhos, e o que para estes sempre bastara para aqueles não era mais suficiente. Devemos ler assim a rebelião de Francisco? Seria uma resposta míope, redutora, mas indubitavelmente da parte do pai foi a estupefação decepcionada de quem não consegue entender.

Os leprosos eram os excluídos, enquanto na sociedade a que Francisco pertencia todos os outros ocupavam o seu lugar. No entanto, as coisas estavam mudando, em todos os setores. Se tantos abandonavam os campos onde viviam há gerações para deslocar-se para a cidade, se outros viajavam por motivos de estudos, rumo a universidades como a de Bolonha, e se os comerciantes e os soldados se moviam com liberdade, para onde acreditavam que encontrariam lucros e glória, a mesma coisa acontecia com os homens de Deus. Inspirações novas e comportamentos inéditos impregnavam o ar e os corações.

O ano Mil sempre foi considerado um limiar psicológico e social, além de histórico. Nos cem anos seguintes foram lançadas as raízes de uma mudança que no século XIII se fazia sempre mais evidente. Soprava um vento novo, que subvertia papéis e hábitos, também na prática cristã. Para quem queria seguir a Cristo, o caminho trilhado pelos eremitas e pelos monges já não era suficiente. Com efeito, a vida monástica tradicional não oferecia muito a quem procurava a perfeição evangélica sem por isso enclausurar-se.

Com efeito, os monges haviam sido um forte sinal da influência cristã numa sociedade em alvoroço. Desde os primeiros séculos houve homens que haviam anteposto publicamente o amor de Deus aos interesses mundanos. Primeiro os anacoretas, que se afastavam solitários da sociedade, depois os cenobitas, que faziam o mesmo em pequenos grupos orantes e isolados. São Bento de Núrsia, no final do século V, havia mostrado um caminho de reclusão voluntária, transcorrida entre oração e trabalho. As abadias de Montecassino, de Subíaco, de Praglia e tantas outras espalhadas pela Europa, como Cluny na Borgonha, eram faróis de espiritualidade e de civilização graças aos quais a humanidade sobrevivera aos séculos mais sombrios. Também as mulheres, virgens e viúvas, haviam abraçado aquela vida desde os primeiros séculos do cristianismo. Por muito tempo parecia que fosse este o caminho privilegiado para quem queria entregar-se a Deus. Como alternativa para os homens havia a vida clerical, um outro modo de servir ao povo, que passava pelo caminho do sacerdócio e da administração dos sacramentos, mas também da gestão de igrejas e capelas.

Mas havia algo diferente no ar. Desde o século anterior, muitos homens e mulheres queriam viver o Evangelho permanecendo leigos, no mundo ou em formas diferentes de pertença a Deus. Em Flandres e no norte da França, por exemplo, muitos jovens trabalhavam com as próprias mãos tecendo e levando uma vida de oração e de caridade, num estilo muito sóbrio. Entre o assombro da maioria, a paridade entre homens e mulheres é sustentada, agora, também por alguns mestres de teologia. Havia muita efervescência. A Igreja tentava enfrentá-la, mas com certa dificuldade. A estrutura feudal pesava, muitas vezes o direito a agravava, bem como a luta com os poderes seculares; a reforma do clero avançara, mas ainda havia muito a fazer. Em suma, era preciso reparar aquela casa que é a Igreja.

Naquele momento, em que ocorria "um despertar do Evangelho em concomitância com uma mudança do mundo"[29], a maior distância sofrida pela Igreja era a distância em relação aos pobres. A maioria dos bispos, dos clérigos mais importantes e dos monges provinha de estratos sociais superiores. Podiam fazer obras de caridade, mas não eram capazes de estar entre os pobres e com os pobres. Muitas eram as denúncias das injustiças dos ricos e dos poderosos, mas ninguém punha em discussão o que as causava. Por isso um encontro inesperado como o do jovem comerciante de Assis é uma novidade que inflama a vida.

---

29 Marie-Dominique CHENU. *La teologia nel Medioevo*. Milão: Jaca Book 1972, p. 243.

Neste momento o jovem ex-comerciante "sai do mundo", se por mundo se entende a mundanidade surda para com Deus. Mas este chamado não o leva a um mosteiro, nem a uma das formas de fuga do mundo já codificadas há séculos, sobretudo o monaquismo nas suas várias ramificações. Francisco intui que o caminho para dedicar-se a Deus e ao próximo o introduz no âmago do mundo. Francisco "sai do mundo" habitando-o de uma maneira diferente, permanecendo nele como estrangeiro e peregrino, percorrendo-o com a diversidade do Evangelho. Trata-se de abrir um caminho, antigo como o Evangelho, e no entanto totalmente novo.

O jovem assisense já gravita em torno da igrejinha de São Damião. É um outro e ao mesmo tempo continua capaz de falar a linguagem da cortesia, permanecem intatos nele o senso poético da felicidade e o prazer de conquistar como um herói. Até o fim de sua existência trará consigo a riqueza de polaridades tão acentuadas. Pobre de coisas e rico de virtudes, por uma vida boa, retirado do mundo e irmão universal, misericordioso e exigente com quem tende a baixar o preço, cantor da beleza das criaturas e impiedoso com o próprio corpo.

Nesta passagem, sua nova vida é cheia de oração e de trabalho manual a fim de continuar a reparar aquele edifício sacro e outros mais nos arredores.

Afinal, só aprende quem mete a mão na massa e se deixa alcançar pela vida. Para o restauro é preciso dinheiro e Francisco, habituado a recebê-lo do pai a mancheias, agora o pede em esmola. Procura o óleo para alimentar a lâmpada que arde diante do Rosto do qual ouviu palavras de vida. Implora por amor de Deus algum pedaço de pão amanhecido e sobras das refeições dos outros para alimentar-se.

Sem dúvida, para seus concidadãos é um espetáculo ver Francisco assim reduzido. E ainda mais para a mãe e o pai, reclusos em sua dor.

O irmão Ângelo, por sua vez, não honra o próprio nome. Presença muda em sua vida, zomba dele, propondo a Francisco, transido de frio, vender-lhe uma gota de suor. Veneno inútil.

E para seus antigos companheiros de diversões é motivo de escárnio e embaraço ao mesmo tempo. O rei do báculo substituiu o cetro por um galho seco. Sim, é ridículo; mas, ao mesmo tempo, sua presença modesta e humilde põe clamorosamente em discussão um estilo de vida, toda uma juventude passada junto com os outros na gandaia.

Certa manhã, enquanto Francisco está absorto em mendigar óleo de porta em porta, eis que numa casa ouve as vozes de alguns dos seus antigos companheiros de folguedos. Instintivamente se afasta e não entra, tomado por uma vergonha tal que o faz corar como nunca[30]. É um momento: recostado no muro da casa, passa-lhe diante dos olhos a vida que levou até pouco tempo antes. Recorda que não se envergonhava de aparecer e esbanjar o pão cujo valor agora entende; que não recuava nunca diante de festas e algazarras; que tomava o dinheiro e os tecidos de pai sem pedir. A vida

---

30 Tomás de CELANO. *Segunda vida*, livro I, cap. VIII, 13; FFC, p. 229.

era sua, também a dos outros. Agora não. Aprendeu a pedir, porque descobre que a vida é um dom. Aprendeu alguma coisa com quem não tem nada a defender – os pobres – para provar o sabor das coisas simples e verdadeiras. Começou a estender a mão, porque recebe tudo do grande Doador, o Senhor da vida.

É então que uma força misteriosa o desencosta daquele muro ainda úmido por causa do frio da noite e, agora determinado, o leva a entrar para pedir aos seus amigos do passado aquele pouco de óleo, mais uma vez em língua francesa. Utiliza esta língua nobre e solene sobretudo agora, diante dos que o ouviram cantar canções de amor, para pedir esmola. Os amigos sabem o que Francisco fez e como vive. Assis é pequena. "Francisco", exclamam, mas depois emudecem. Vê-lo reduzido daquele modo os deixa sem palavras e não conseguem insultá-lo. Por que vive assim? Por que deixou aquele seu mundo dourado, por que mudou, como o fez? Muitas perguntas embaraçosas, talvez mais para eles do que para o próprio Francisco.

Permanecem calados. Dão-lhe o óleo que pede, sabem que aquela pequena luz o confortará. É então, talvez, que em algum deles se acende uma minúscula chamazinha.

É assim que Francisco vai e volta entre a cidade e São Damião, vive nas margens, pede a esmola da comida e aceita restos que, misturados, lhe revoltam o estômago, habituado a um regime bem diferente. Se inicialmente estava se deixando alimentar pelo sacerdote pobre e generoso de São Damião, agora compreende que a vida à qual aderiu não admite descontos. Não pode senão ousar mais, até o fim. Não por heroísmo, mas por atração. Aquela atração que a inquietação escavou nele e na qual o Rosto do Homem pendurado na penumbra da capela imersa entre as oliveiras derramou seu olhar de dor e de amor. Agora não pode fingir mais nada. Foi agarrado, conquistado, preso. Para sempre. Um pequeno percurso que agora assinala uma grande distância e cresce sempre mais.

Erraria quem pensasse que, a esta altura, o jovem desnudado e sem casa se entristeceu e imergiu na austeridade que escolheu. Francisco está repleto de uma alegria que não conhecia, nada comparável com a euforia à qual estava habituado. Transpôs o limite invisível que o separava dos leprosos, dos pobres e daquele Cristo que o havia aguardado por tantos anos em São Damião. O limite entre uma vida de aparências e uma vida mais verdadeira, e por isso despojada de tudo, essencial.

A alegria o enche e, por isso, canta em francês enquanto se faz de pedreiro e repara a igrejinha. Não está sozinho. Reúne quem quer ajudá-lo e pouco a pouco alguns respondem. Antes acorriam ao chamado para as festas que Francisco Bernardone financiava e animava, agora acolhem seu convite a reconstruir aquele edifício e não só. Estão atônitos com ele e consigo mesmos, mas talvez começam, por sua vez, a compreender alguma coisa.

Com efeito, o jovem assisense, mediante o peso das pedras e a ardência da cal, o suor e a fadiga, a que não está habituado, começou a intuir qual é o sentido verdadeiro do pedido que Cristo lhe dirigiu. Amplia a perspectiva, olha o mundo com os olhos do Redentor e compreende que não se trata apenas de pedras materiais e daquela igrejinha. A casa a reconstruir é, sobretudo, a da vida de tantos. A casa de Deus não é talvez justamente a vida dos seus filhos, que Ele deseja reparar para que possa habitar ali o seu amor ilimitado? Com ele aconteceu justamente assim; e antes o limiar do leprosário, como agora a porta de São Damião, são na realidade símbolos de uma revolução mais profunda. A casa de Deus é tão grande quanto o mundo, tão profunda quanto o coração.

Mas Francisco vê também quem habitará aquela igreja e a pequena casa ao lado. Mais uma vez em francês, prediz que virgens consagradas a Deus estarão presentes naquele lugar, que ele vê não só restaurado, mas sobretudo habitado. Tornar-se-á um oásis e uma casa de silêncio e de fraternidade, de oração e de caridade[31], imagem e antecipação da Igreja restaurada. Mostrará que, além dos muros, mudaram os corações.

Agora Francisco intui que existem espaços a abrir, barreiras a derrubar, contatos a não temer, portas a reabrir também para quem errou. Deus não conhece limites; por que para seus enamorados deveria ser diferente? Se naquele tempo quem é camponês já pode aprender a ler e escrever, se pessoas consideradas até então de classe inferior se tornam protagonistas da vida social e muitas vezes o fazem em conjunto, oxalá os clérigos e os leigos cristãos comecem

---

31 *Legenda dos três companheiros*, cap. VII, 24; FFC, p. 585.

a não ter medo do mundo, mas aprendam a reconhecê-lo como o jardim de Deus.

Aqui a inquietude de Francisco encontra e desposa a perturbação daqueles anos, que desmonta antigos equilíbrios e introduz um horizonte novo de encontros e de fraternidade.

Já o dissemos: Francisco não foge do mundo. De preferência, mergulha nele para poder vislumbrar um outro horizonte possível, no seguimento do seu Senhor, e para escancarar as portas do banquete da vida e da alegria a tantos pobres – também os ricos são pobres, se não descobrem isto – que dele permanecem excluídos. Quer fazer cair o véu que impede a tantos e tantas de vislumbrar, por trás do que fazem e amam, Aquele que os fez e os ama.

Francisco frequenta sua própria inquietude e também, graças a esta, abre um caminho. Utiliza a energia desta inquietude para comunicar a outros o seu amor. Não permanecerá só. Alguns dos que começam a aproximar-se o fazem, antes de mais nada, para colaborar com uma obra boa, por curiosidade, ou talvez para depois bater um papo no bairro. Existem também os que reconhecem nele sua própria inquietação e lhe pedem para viver como ele, mas sobretudo com ele.

Capítulo 4

"Ninguém me mostrava o que eu devia fazer"

Os primeiros companheiros

Certa manhã – já estamos em 1208 – alguém procura de todos os modos encontrar-se com ele. É ninguém menos do que Bernardo de Quintavalle, um dos homens mais ricos de Assis, um notável prestigiado como *dominus* (senhor) das principais fontes. Já se conhecem, se frequentaram em festas e saídas noturnas. Mas Bernardo pertence a uma classe social superior à sua. Para dizer a verdade, Francisco percebe que nunca o notou realmente. Estava todo absorto em si mesmo, agora se dá conta. Companheiros de farras, mas com certeza não amigos íntimos.

"Talvez queira convidar-me ainda para uma festa", pensa Francisco consigo mesmo; agora o vê de modo completamente diferente e não alimenta preconceitos. O outro se aproxima a passos lentos, como quem reflete intensamente e traz como que um peso dentro de si. Nenhum grito e trejeito de escárnio como nas noitadas a que estavam habituados; mas antes um olhar que procura encontrar o do outro, para criar um contato, um entendimento, talvez uma cumplicidade?

"Bom dia, Francisco!" – começa Bernardo.

"Bom dia, senhor Bernardo! Vem, é uma honra receber-te neste lugar. Como estás?" O hóspede talvez não estivesse pronto para uma acolhida tão cordial. É como se Francisco o aguardasse desde sempre. Provavelmente lhe parece estranho, mas o torna também feliz, e Bernardo o demonstra com um largo sorriso. Agora pode abrir seu coração.

"Francisco, eu te vi mudar nestes meses. Confesso que não entendi o que está acontecendo contigo, mas fiquei muito tocado por aquilo que fizeste. Eu me perguntara o que te impulsionava, aonde querias chegar, ou do que estavas fugindo. Logo compreendi como seria vão prestar ouvidos ao torvelinho de vozes que ouvia a teu respeito. Não explicavam nada, a não ser, talvez, a incompreensão geral.

No dia em que restituíste ao pai as vestes diante do bispo, eu estava entre a multidão. O gesto me impressionou muito, porque – pensei – é a mesma coisa que também eu quero fazer. Tornar-me mais livre, soltar as amarras das minhas riquezas, ousar mais. Se bem compreendi, existe alguma coisa para a qual vale a pena. Alguém, melhor dizendo. Apossou-se de mim uma inquietação, a vontade de mudar. Mas o que posso fazer?"

Junto com Bernardo aproxima-se Pedro, da família Cattani de Assis, homem culto, que estudou e se tornou um jurista. São dois membros eminentes daquela cidade e pertencentes aos setores que rejeitavam e insultavam aquele que não reconheciam mais: antes rico e extravagante, que agora se fez voluntariamente pobre, rompendo todas as convenções.

Bernardo e Pedro se dirigem a Francisco com as palavras breves e claras de quem já amadureceu, por conta própria, uma guinada existencial: "Doravante, queremos estar contigo e fazer o que tu fazes. Dize-nos, portanto, o que devemos fazer de nossos haveres"[32]. Querem permanecer com ele porque são atraídos pela novidade das escolhas de Francisco, que revolucionaram seu modo de pensar e mobilizam seu desejo mais profundo. Compreenderam que o amigo renunciou a tudo por algo mais precioso. Leram isto em seu rosto, na sua tranquilidade, na alegria que Francisco transpira. E há outra coisa que compreenderam: não poderiam saciar este desejo na vida dos clérigos ou num mosteiro.

Permanecer com ele e fazer o que Francisco faz: sua vida abre o caminho, antes das suas palavras. E será sempre assim entre eles nos anos vindouros.

Francisco se surpreende com esta novidade. Já há quase três anos levava uma vida de eremita itinerante, estava sozinho. Agora tudo muda. Ele o registrará no *Testamento*, pouco antes de morrer: "O Senhor me deu irmãos"[33]. As-

---
32 *Anônimo perusino*, cap. II, 10; FFC, p. 556.
33 *Testamento*, 14; FFC, p. 142.

sim como o encontro com os leprosos havia inaugurado a mudança da sua vida, agora o encontro com companheiros o põe novamente a caminho. Diante destes dois homens em busca, volta a ouvir a voz da sua inquietude, reavivada pela inquietude deles. Par isso se enche de alegria com a sua chegada e com seu desejo e responde afetuosamente: "Vamos pedir conselho ao Senhor"[34].

Francisco aprendeu a não ser o protagonista exclusivo da sua vida. Deslocou-se do centro do palco e, graças aos leprosos, recebeu misericórdia, para reconhecer o Rosto de Cristo de São Damião, sereno no sofrimento. Agora está se tornando outro, mais capaz de escuta e de abertura.

Então os três novos companheiros se dirigem à igreja de São Nicolau, na praça da Comuna. Está situada no centro da cidade e todos podem vê-los. O que está acontecendo? Por que aqueles dois senhores estão com Francisco? O que está ocorrendo nos bastidores? Os três entram na pequena igreja e se ajoelham humildemente para rezar: "'Senhor Deus, Pai da glória, nós vos rogamos que, por vossa misericórdia, nos mostreis o que devemos fazer'. Terminada a oração, disseram ao sacerdote da mesma igreja que aí estava presente: 'Senhor, mostra-nos o Evangelho de Nosso Senhor Jesus Cristo'"[35].

"Mostra-nos o Evangelho!" Eis a palavra nova que floresce na boca de Francisco e dos outros. Não procuram outra coisa senão isto: ver Jesus Cristo na sua palavra, o Evan-

---

34 *Anônimo perusino*, cap. II, 10; FFC, p. 556.
35 Ibid.

gelho. É o início da vocação franciscana, onde Jesus Cristo é o Evangelho e a vida que nos é dada. Ali está tudo!

O sacerdote abre para eles o livro que está sobre o altar, porque eles ainda não são peritos nas leituras sagradas. Encontram logo a seguinte passagem:

> Se queres ser perfeito, vai e vende tudo o que tens e dá aos pobres, e terás um tesouro nos céus.

Folhando outras páginas, leem:

> Quem quiser vir após mim, renuncie a si mesmo, tome a sua cruz e me siga.

E mais adiante:

> Não leveis coisa alguma pelo caminho, nem bastão, nem sacola, nem pão, nem dinheiro, nem mesmo duas túnicas.

São palavras "radicais" de Jesus no Evangelho, que abrangem a relação com os bens materiais, com os pobres e a relação pessoal com Ele. Foi esta a vida de Jesus e seguir os seus passos é o que querem aqueles três companheiros. Com efeito, se enchem de alegria e exclamam quase gritando: "Eis o que desejávamos, eis o que procurávamos!" E Francisco, num dos seus momentos líricos que desvendam o futuro, exclama: "Esta será a nossa Regra". E, voltando-se para os dois, acrescenta: "Ide e, da maneira como ouvistes, realizai o conselho do Senhor"[36].

Uma palavra, portanto, que de repente encaminha uma mudança e transforma a vida. É só o início de um movimento que encontrará no Evangelho o seu motor. Era verdade para tantos leigos e leigas naquele tempo, e assim o será para Francisco e para seus companheiros.

O Evangelho reencontrado em sua verdade imediata e simples, original e única, como tantos desejavam justamente então. Estar em contato direto com aquela palavra e descobrir que é possível viver como ela diz, mesmo que pareça loucura. Literalmente, porque "o Evangelho é tomado sem calmantes"[37], como recordará oitocentos anos mais tarde o primeiro papa que trará seu nome.

Nesse momento Bernardo se levanta do frio pavimento de pedra da igreja e sai correndo. Encontra-se novamente na praça da Comuna, cheia de uma multidão barulhenta e falante, distraída. O rico notável passa pelo meio da multidão, enquanto seu elegante manto de veludo roça diversas pessoas, que se viram e se perguntam o que está acontecendo: talvez tenha um negócio imprevisto, um convite, ou esqueceu alguma coisa. Ninguém pode imaginar-se que, ao invés, dentro dele

---

36 Ibid., 11; FFC, p. 556.
37 Papa Francisco. "Il Vangelo va preso senza calmanti". Conversazioni con i Superiori generali, 25 de novembro de 2016. *La Civiltà Cattolica*, n. 4000, 11 de fevereiro de 2017, p. 324-334.

está explodindo a palavra que acabara de ouvir e que dá corpo à sua inquietude, que cresceu em contato com Francisco.

Existem momentos nos quais o que foi preparado por longo tempo a certa altura assume vida, como quando alguém se enamora. Nestas circunstâncias, tudo parece possível, porque se experimenta uma energia única, um força que pode vencer qualquer resistência.

Bernardo se afasta, deixa a praça, dirige-se à sua bela residência e faz uma loucura, como Francisco diante do bispo. Chama o superintendente, convoca um tabelião, manda chamar quem possa estar interessado em adquirir as suas propriedades. Começa a vender todas as coisas que possui e o dinheiro que arrecada aumenta sempre mais.

Pedro faz a mesma coisa. Como fora atraído por Francisco, agora o é também por Bernardo. Existe uma corrente que os une e os move. Também a loucura, ao que parece, é contagiosa. Pelo menos, se é deste tipo e se existe Alguém a soprar nos corações.

Reúnem os pobres da cidade – e isto é fácil, porque estes respondem imediatamente ao chamado da prodigalidade de outros – e começam a distribuir entre eles o dinheiro arrecadado com os bens materiais postos à venda.

Poucos decênios mais tarde o florentino Dante Alighieri recolherá em tercetos imortais esse momento extraordinário, no qual o que Francisco fez – ou melhor, aquilo que lhe aconteceu – começa a contagiar outros:

> Para fazer minha linguagem clara,
> Em suma, o nome sabe dos amantes:
> Com Pobreza Francisco se casara.
> Dos dois santa união, ledos semblantes,
> Seu terno olhar e afeito milagroso
> Dão a todos lições edificantes.
> Aquela paz anela cobiçoso
> Venerável Bernardo que, primeiro,
> Descalço corre e crê ser vagaroso.
> Riqueza inota! Ó Bem só verdadeiro!
> Descalço corre Egídio, vai Silvestre.
> Porque amam-na, do esposo no carreiro.
> Dali se parte aquele pai e mestre
> Com terna esposa e com família santa
> Que de corda o burel cinge campestre[38].

Francisco e a Pobreza, explica Dante concluindo uma longa metáfora, são como esposos tão exemplares e enamorados que induzem outros a segui-los. Criaram uma fecunda família espiritual que crescerá. Uma riqueza de natureza ignota, um bem fecundo que não se mede em dinheiro, permite a Bernardo, a Pedro, depois a Egídio e a Silvestre,

---

38 Dante Alighieri. *A Divina Comédia*, Canto XI, vv. 73-87. Trad. José Pedro Xavier Pinheiro. São Paulo: Atena Editora, 1955. Original: Ma perch'io non proceda troppo chiuso, / Francesco e Povertà per questi amanti / prendi oramai nel mio parlar diffuso. – La lor concordia e i lor lieti sembianti, / amore e maraviglia e dolce sguardo / facieno esser cagion di pensier santi; – tanto che 'l venerabile Bernardo / si scalzò prima, e dietro a tanta pace / corse e, correndo, li parve esser tardo. – Oh ignota ricchezza! oh ben ferace! / Scalzasi Egidio, scalzasi Silvestro / dietro a lo sposo, sì la sposa piace. – Indi sen va quel padre e quel maestro / con la sua donna e con quella famiglia / che già legava l'umile capestro.

descalçar-se, correr livres, deixar-se conquistar pelo esposo, que é Francisco, enamorado de Cristo e da sua pobreza.

Pedro aprenderá a seguir este caminho quando Francisco o nomear seu vicário para a Ordem[39]. Precisará despojar-se ainda, não tanto do dinheiro, mas de si mesmo. E assim, quando pedir a Francisco se pode dispor de alguns bens dos noviços para sustentar tantos frades que chegam e param na Porciúncula – uma igrejinha que Francisco havia reparado, aquela dedicada a Santa Maria dos Anjos –, a resposta lhe chegará fulminante e o levará a lembrar aquele dia em que tivera a coragem de dar todos os seus bens aos pobres: "Despoja o altar da Virgem e retira o ornato variegado, quando de outra maneira não puderes socorrer aos necessitados. Crê em mim, agradar-lhe-á mais que seja observado o Evangelho de seu Filho e que seu altar seja despojado do que ter o altar ornado e o Filho desprezado. O Senhor enviará quem restitua à Mãe o que ela nos emprestou"[40].

Até este ponto funcionou e cresceu a liberdade em relação aos bens, conquistada no dia do despojamento de Francisco e, mais tarde, na distribuição dos seus bens por parte de Bernardo e de Pedro. O serviço aos leprosos e a compartilha com os pobres são a carne da fé, mostram o Evangelho, dão-lhe transparência. Desnudam o ser humano de qualquer coisa que não seja ele próprio, diante de Deus e dos outros. Francisco encontra aqui o seu tesouro e lhe permanecerá fiel até a morte, que o verá depositado sobre a terra nua.

---

39 Tomás de CELANO. *Segunda vida*, livro II, cap. CIV, 143; FFC, p. 287.
40 Id., cap. XXXVII, 67; FFC, p. 254.

Enquanto isso, naquele doce abril úmbrio, Bernardo e Pedro estão atarefados. São necessários alguns dias para distribuir seus haveres aos pobres e habituar-se àquela liberdade, totalmente nova. Mas, finalmente, chegam a desempenhar o papel inédito de mendigos: deixam as últimas vestes que restam e se vestem como Francisco, que já havia trocado o hábito e o cinto de eremita por uma rústica túnica em forma de cruz, o Tau, amarrada com uma corda nos flancos como faziam os camponeses; nenhum cajado, nem sandálias, mas calças ou bragas, diferentemente dos monges que não as usavam porque não levavam vida itinerante. O capuz era o dos trabalhadores rurais. Um manto para o tempo do frio intenso.

A veste era então um sinal social muito evidente. Francisco escolhe um hábito pobre, que não se pode atribuir imediatamente a alguma condição específica, nem leiga nem clerical, e com isso se recusa a ser classificado numa categoria social e religiosa definida. O pequeno grupo quer permanecer entre as pessoas mais humildes que não têm *status*.

O que diz Francisco ao seus dois primeiros seguidores, no limiar da nova vida que levarão de agora em diante? Sem dúvida não lhes diz que agora são seus discípulos, porque não se sente absolutamente um mestre. São seus irmãos e companheiros de viagem. Não lhes diz tampouco qual é sua meta, porque o que conta é a própria viagem, o peregrinar de pessoa em pessoa, de coração em coração. Seguirão juntos a norma evangélica que ouviram poucos dias antes na igreja de São Nicolau. Viver o cerne do Evangelho significa precisamente levar uma vida itinerante e pobre, dedicada a chamar todos à conversão. Uma fonte antiga o expressa muito bem, remetendo-nos àquele momento:

> Consideremos, irmãos caríssimos, nossa vocação com a qual Deus misericordiosamente nos chamou, não somente para a nossa salvação, mas para a salvação de muitos, para andarmos pelo mundo, exortando a todos, mais pelo exemplo do que pela palavra, a fim de que façam penitência de seus pecados e se recordem dos mandamentos de Deus. Não temais por parecerdes pequenos e ignorantes, mas anunciai com firmeza e simplicidade a penitência[41].

Eles não têm mais casa e não podem permanecer dentro dos muros de uma cidade que não os compreende mais. A opção de Bernardo e de Pedro suscitou ao mesmo tempo surpresa e desconcerto, medo e raiva, rejeição e curiosidade, interesse e indiferença. Enquanto o filho de Bernardone estava sozinho, podia passar por uma demência improvisada. Mas agora alguma coisa está se movendo em torno dele e entre eles, como uma loucura que contagia e se difunde. Existem os que estão interessados e até admirados, mas existem também os que sentem repugnância e talvez temor, e as pessoas com estas disposições negativas poderiam pôr em prática uma verdadeira perseguição. Portanto, é melhor ir embora de Assis, por enquanto, na esperança de retornar logo que se acalmar o eco daqueles gestos clamorosos.

Portanto, sua opção os leva para fora da cidade, ou melhor, para as suas margens. Descem para a zona insalubre da

---

41 *Legenda dos três companheiros*, cap. X, 36; FFC, p. 590.

planície, estabelecem-se na igrejinha de Santa Maria dos Anjos e constroem uma simples cabana para morarem juntos.

Gostam de rezar nas pequenas igrejas e cantar; Francisco o faz em francês com voz claríssima. Pedem como esmola o alimento, servem aos leprosos. Experimentam uma alegria ilimitada, que atrai, interroga, desperta vida, abre horizontes. A opção generosa se transformou em rotina feliz.

Oito dias depois apresenta-se um outro que quer unir-se aos três: Egídio. É um homem de fé e muito humilde, que pede a Francisco que o acolha naquele grupo, para viver com eles e como eles. Vem de um universo totalmente diferente, porque é um camponês, mas o próprio fato confirma que as barreiras caíram. A vida, quando é plena, atrai a todos.

O interpelado o acolhe sem hesitar e com a alegria que agora compartilham os quatro juntos. Um momento mágico, dos que valem uma vida inteira e nos quais tudo é claro e luminoso, que atrai e aquece o coração, abre a mente, deixa vislumbrar o futuro e o antecipa.

Uma palavra de fogo: dois a dois pelo caminho

Francisco e os seus irmãos não estavam sozinhos nesta aventura. Difundira-se uma expectativa de uma nova era, que, como um frêmito, percorria as pessoas do tempo. Parecia que as condições eram favoráveis a uma escuta mais intensa da mensagem evangélica e, portanto, à sua acolhida. Não se podia esperar, havia uma urgência.

Mas eles foram diferentes dos movimentos laicais coetâneos, dos grupos de leigos, homens e mulheres, que desde o final do século precedente, como foi aludido, se entregavam à vida religiosa sem abandonar sua condição e dedicando-se ao trabalho e à oração juntos. Estes pregavam frequentemente e ouviam com gosto a palavra de Deus. Isto ocorria nos campos e também nas cidades, onde comunidades de penitentes seguiam uma regra de vida que era sem dúvida um projeto alternativo aos costumes da época. Viviam separados do mundo exterior de acordo com uma conduta bem diferente, mas sem uma clausura material e inviolável.

Francisco e os seus não ficam parados. Partem imediatamente, põem-se a caminho, onde aprendem uma pregação itinerante e simples. A penitência que pregam aos que encontram pelo caminho não é a penitência sacramental, mas a existencial: trata-se de voltar-se para Deus a partir da raiz de si mesmos, lá onde se decide quem somos e como queremos viver. Um anúncio libertador e ao mesmo tempo comprometedor. Talvez não queiram para si outra coisa: nenhum nome, nenhuma definição, nenhum papel codificado.

Aprenderam com Francisco a voltar-se para os outros. Ele não fala às multidões, mas dirige-se aos que encontra, sejam poucos ou muitos; recomenda aos seus que preguem a paz e anunciem o amor do Criador do céu e da terra: de nada servem palavras polidas ou frases complicadas para um anúncio tão simples. Ele dá o exemplo, e quem o viu atuando não pode deixar de perceber seus grandes dotes naturais: tem uma maneira própria de atrair a atenção das pessoas, com expressões simples, com convites sinceros. Mas sua linguagem é fluente. Acompanha as palavras com gestos e expressões do rosto. Às vezes canta, desempenha o papel de jogral de Cristo. Da experiência passada atrás do balcão da loja da família conservou a capacidade de fascinar. Se antes cativava as senhoras para vender tecidos, agora expõe o Evangelho com a mesma eficácia.

Estas palavras, estes atos, mas sobretudo o testemunho eloquente de uma vida pobre, se tornam uma palavra ardente que inflama quem a escuta. As igrejas estão cheias de pregadores, às vezes peritos na arte retórica de comover ou, mais frequentemente, de assustar os fiéis com o espantalho das chamas eternas, mas estes homens viandantes e penitentes, que entre si se chamam de irmãos e com esse mesmo nome e com o sorriso se dirigem aos outros, tocam o coração por caminhos muito diversos.

Pode-se considerar que os tempos – ou, melhor, a Providência – dão à luz, no momento oportuno, figuras emblemáticas, as que clareiam o rumo a tomar para muitos outros que o pressentiam. Se isto é verdade, Francisco faz parte dele para todos os efeitos, é o homem certo no lugar certo.

Sua conversão foi marcada pela imediatez desta guinada existencial; ele permanece homem de ação, mas agora são quatro e não podem permanecer parados numa cabana. "O Filho do homem não tem onde repousar a cabeça"[42]: eles não seguem um mestre que permanece imóvel, mas está sempre a caminho. Por isso, Francisco parte logo com Egídio, diretamente para a Marca de Ancona, enquanto os outros dois permanecem na

---
42 Mateus 8,20.

Porciúncula. Na viagem o seu regozijo é irreprimível. Francisco canta em francês, louvando o Senhor com sua voz límpida. Quem os encontra pensa à primeira vista que são loucos. Egídio, com sua simplicidade, convida todos a confiar em Francisco, a acreditar nele. E, se alguém lhes pergunta quem eles são, respondem que são "Penitentes de Assis".

No Testamento Francisco escreverá um dia que "o Senhor concedeu a mim, frei Francisco, começar a fazer penitência"[43]. Penitência vem de "arrepender-se", corrigir-se. Para ele este termo sintetiza sua opção de vida após o encontro com Cristo: uma inversão do modo de sentir e de pensar, de ver o mundo e de julgar, para ir difundir com a vida e a palavra a Boa Nova de um Deus que está no meio de nós e transforma o mundo, o traz de volta à sua origem, o revela como uma bênção. Por isso, uma vez abraçado o Evangelho, não podemos reter nada para nós, não podemos limitar-nos a preservar a nós mesmos. Quem empreende este caminho compreendeu que Deus vem antes de tudo e o ser humano não tem nada de que possa vangloriar-se como se fosse uma posse que lhe é devida. O hábito que trazem fala claro.

Mas existe também a dimensão crua das incompreensões e das humilhações. Se, no seu íntimo, os quatro irmãos estão certos de ter feito a melhor escolha, constatarão bem cedo que nem todos pensam da mesma maneira, nem mesmo fora de sua cidade natal, em lugares onde ninguém conhece o seu passado. Aliás, nem Jesus foi acolhido e compreendido por todos.

---

43 *Testamento*, 1; FFC, p. 141.

Uma escolha tão forte, de ruptura, suscita nas pessoas sentimentos divergentes. O que querem, donde vêm, donde trazem tanta alegria se se vestem como maltrapilhos? Alguns pensam: ou eles têm grande fé ou são dementes. Não são monges, não são sacerdotes, vestidos com túnicas esfarrapadas, sem segurança alimentar, sem um teto, descalços: são loucos ou grandes santos? As mulheres mais jovens, vendo-os de longe, fogem com medo de que sejam insensatos, e eventualmente perigosos. E, além disso, as contradições são excessivas: sua maneira de expressar-se trai o fato de que nem sempre viveram pelos caminhos. Francisco canta em línguas estrangeiras e está vestido como um pobretão. Alguns companheiros seus são, com toda evidência, pessoas instruídas e educadas nas classes altas. São vagabundos ou ricos empobrecidos, como havia tantos na época? Poder-se-ia ter pensado assim, tanto mais que o próprio Francisco havia encontrado no caminho de Espoleto um cavaleiro pobre e lhe dera sua armadura. Eram um exército, vítimas de um sistema social e econômico que mudava velozmente e deixava muitos pelo caminho.

Mesmo se alguns, muito poucos, depois de tê-los escutado, o seguem, o modo de ser deles suscita em geral inquietude e perguntas, um certo sentimento de temor diante da algo que não se pode explicar.

Uma destas perguntas já a fizemos nós, no início da narrativa. Ela o acompanhará ao longo de toda a sua vida e também depois: quem é realmente Francisco de Assis? Qual é seu rosto original? É de fato possível reconstruir os passos de sua existência, passos que, se por um lado nos permanecem desconhecidos no seu desenrolar-se geográfico, por outro lado permanecem obscuros também sob o perfil interior? Talvez também este é um sinal da inquietude que o caracteriza desde sempre, também agora que enveredou pelos caminhos da Itália central, com a única riqueza do seu canto e da palavra ardente que o queima por dentro. Disto temos certeza, assim como da alegria que os dois jovens viandantes a caminho de Ancona não podem conter. É como a alegria de quem ganhou um imenso tesouro.

Quem está no início de um grande amor ou de um empreendimento nunca ousado conhece esta felicidade que tudo subverte. Francisco começa a viver o que o pressiona com força extraordinária. Não sabe tudo e não pode compreender o que será. Lança-se na vida, já aprendeu que o caminho é um bom mestre. Começou a caminhar, agora são apenas dois irmãos, mas partiu para um anúncio que será para uma multidão.

Terminada esta primeira viagem, retornam a Assis e podem abraçar novamente Pedro e Bernardo, que haviam permanecido em Santa Maria dos Anjos. Alguns dias depois de se terem reencontrado, eis que o caminho para sua igrejinha se anima. Vêm procurar Francisco outros homens, que sabemos com certeza serem todos da cidade de Assis. Seus nomes variam nas diversas fontes, mas ouvir seu som nos remete aos primeiros passos da fraternidade franciscana: Sabatino, João chamado de Capella, Mórico o Pequeno, Filipe Longo, João de San Costanzo, Bárbaro, Bernardo de Vigilante. De Rieti, ao invés, chega Ângelo Tancredi, um cavaleiro. Pedem, em tempos diversos, ser acolhidos entre seus amigos.

Francisco não fez proselitismo, nem quis fundar um grupo religioso, mas se enche de alegria ao receber quem deseja unir-se a ele. Assim se chamam um ao outro: irmão, frade. Acolhe-os, cheio de atenção para com eles. Não lhe parece real.

Francisco não está mais sozinho, existem outros homens que sentem o que ele experimentou, que são movidos pela mesma ansiedade, que não se contentam com qualquer coisa, mas querem abraçar tudo. Está tão feliz neste momento que não se faz outras perguntas, não se preocupa com a maneira como viverão juntos, com o que farão. São irmãos, começam a caminhar unidos, simplesmente vivem sob o impulso de uma inspiração que abriu uma visão nova sobre eles próprios e sobre a realidade que os cerca. O encanto de um novo início marca estes primeiros passos, onde tudo é imediato, transparente, fascina e atrai, comove e gera vida.

Até mesmo suas origens diversas atestam sempre mais a novidade de tudo o que está acontecendo. Nobres, homens do povo, clérigos, leigos, instruídos, analfabetos, pessoas provenientes de uma vida opulenta ou da rua, irmãos em pé de igualdade e todos trilhando o mesmo caminho. Todos nivelados pela humildade e pela pobreza.

No final de seus dias, Francisco reconhecerá que a descoberta da vida evangélica só ocorreu depois da chegada dos irmãos. Se quando estava sozinho havia recebido um chamado a viver o Evangelho, é somente com os "irmãos" que deduz desse chamado as exigências concretas, sobretudo em matéria de pobreza. Sua figura foi posta no centro da história, quase como um personagem solitário. Mas a realidade o viu muito ligado, e devedor, a estes irmãos.

Por conseguinte, os irmãos decidem poder retornar também a Assis, revigorados por esta liberdade e fraternidade que estão experimentando. Sentem-se capazes de enfrentar o seu passado e não temem os insultos previsíveis. E, com efeito, muitos deles, que haviam sido ricos naquela cidade, são perseguidos pelos familiares, desprezados e escarnecidos pelos concidadãos, grandes e pequenos, mulheres e homens, como se faria com insensatos. "Como? Jogastes fora as vossas coisas, e agora quereis comer as dos outros?" Eles replicam com o sorriso e anunciam o Evangelho. A vista destas pessoas que abandonaram as suas propriedades e pedem esmolas de porta em porta deixa todos sem palavras, tão grande é a novidade.

Só o bispo da cidade constitui uma exceção e Francisco retorna muitas vezes a ele para pedir conselho. Certo dia, o próprio dom Guido lhe diz: "Parece-me dura e rigorosa vossa vida, a saber, a de nada possuir no mundo". Uma antiga sociedade feudal, baseada na posse da terra, e uma nova sociedade, que crescia baseada no dinheiro, eram sacudidas por aquela escolha.

Por isso Francisco replica sem hesitar: "Senhor, se tivermos qualquer propriedade, ser-nos-ão necessárias armas para nossa proteção. Pois daí se originam questões e muitas desavenças, e a partir disso costuma ser estorvado, de muitas maneiras, o amor a Deus e ao próximo. É por isso que não queremos neste mundo possuir nada de temporal"[44].

---

44 *Legenda dos três companheiros*, cap. IX,35; FFC, p. 590.

O prelado fica pensativo diante de semelhante resposta, custa a entendê-la plenamente, mas sabe que aquele jovem acertou, penetrou o cerne do Evangelho. E sente um grande prazer.

Aos primeiros companheiros junta-se Silvestre, sacerdote da cidade de Assis, o qual, anos mais tarde, por ordem de Francisco, expulsará os demônios de Arezzo, como Giotto ilustrará magistralmente numa igreja que ali será erguida mais tarde. No início era um homem que se deixava corromper, apegado ao dinheiro. Ficou atônito com o gesto de Bernardo, que deu tudo aos pobres, mas não em sentido positivo: dominado pela avareza lamenta não ter pedido a Francisco uma quantia maior por algumas pedras que lhe vendera quando este as pediara para restaurar uma igreja. Chega a lamentar-se com o interessado. Francisco intuiu o seu estado de ânimo e, com um sorriso, lhe enche as mãos com dinheiro. Silvestre fica feliz com aquelas moedas; mas, enquanto as manuseia satisfeito, abre espaço nele um sentimento novo. A liberdade de frei Francisco e de frei Bernardo em relação ao dinheiro acende nele um anseio de natureza desconhecida e o leva a ver a sua vida de maneira nova. Diante de seus olhos se ergue um véu e se delineia uma cruz que sai da boca de Francisco, alcança verticalmente o céu e cinge o mundo com os braços horizontais. Silvestre passa repentinamente à ação, como se agora se concretizasse algo que esperava há muito tempo. Liberta-se dos bens e segue os irmãos. Uma escolha que causa rumor na cidade, porque sua avidez circulava e era bem conhecida.

A esta altura, o clima mudou: Assis deixou de escarnecer e está ansiosa. Parece um contágio, outros o seguirão, agora muitos pensam nisso. Uma espécie de suspensão invadiu a cidade, à espera de algo que existe, mas ao mesmo tempo ainda não se vê.

A época inquieta gera pessoas, sobretudo jovens, em movimento e criativas na sua busca. Francisco já atrai outros, tomados por sua inquietude que desperta e mantém ativa a deles. O Evangelho nos basta, dirão, o resto está de sobra.

E um grupo, uma fraternidade – na qual antigos ricos e proprietários vivem junto com os que eram pobres no mundo e com clérigos que haviam estudado, todos unidos pelo desejo de quem se empenha em "seguir a humildade e a pobreza de Nosso Senhor Jesus Cristo"[45], irmãos que se despojam voluntariamente de todas as coisas e rompem os laços com suas famílias e com a sociedade a que pertenciam – manifesta uma novidade muito grande. Por isso Francisco, lembrando a experiência sua e dos seus primeiros companheiros, tende a enviar os novos que chegam para longe dos seus lugares de origem. E o faz não tanto para poupar-lhes insultos e humilhações, mas para que possam virar a página a fim de permanecer livres e poder seguir a Cristo, em sua vocação, sem preocupar-se com o passado e com as raízes que cortaram. Esta liberdade vem também antes da preocupação de anunciar o Evangelho. Ao mesmo tempo, o estar sempre em movimento, a caminho, torna difícil compreendê-los num mundo onde a estabilidade é considerada

---

[45] *Regra não Bulada*, cap. IX, 1; FFC, p. 130.

um valor, e às vezes um dever. Francisco, mesmo quando o número dos que o seguem vai crescendo e se poderia pensar numa instalação de algum tipo, repete que não quer, por nada no mundo, que os irmãos se envolvam em disputas materiais, que surgiriam inevitavelmente de qualquer posse, nem que seja mínima. Não ficarão parados, não terão casas próprias. E, com efeito, esses homens, depois de ter-se libertado de tudo, se tornam dóceis e pacíficos, modestos e alegres. Libertar-se dos bens os enriquece, os torna irmãos entre si e, portanto, para muitos. Eis sua primeira pregação.

Misericórdia recebida e oferecida

A pressão em Assis continua muito forte e Francisco a sente sobre si e sobre os seus primeiros irmãos. Sabe muito bem que a perseguição faz parte da escolha feita, e já havia considerado a reação dos concidadãos como um impulso a ir pregar fora dos muros da cidade onde tudo havia começado. Não só em direção aos campos circunjacentes, mas também para mais longe, em toda parte, até o fim do mundo. Esta tensão vital, que ele sempre observou, impregna agora todo o pequeno grupo de irmãos. Põem novamente os pés na estrada, desta vez juntos, pelo caminho que os leva ao longo do vale de Espoleto.

Francisco chega ali atormentado e inquieto. Nestas semanas, à luz da misericórdia que recebeu, repensa sua vida transcorrida em pecados, como escreverá no *Testamento* poucos dias antes de morrer, em 1226.

Junto com os seus, Francisco saúda os que encontra: "Bom dia, caríssimos!", uma simples saudação que toca o coração. Mas às vezes percorre as veredas acidentadas dos montes. Procura um lugar deserto e afastado onde possa ouvir a sua inquietude, com o misto de dor e de alegria que ela traz consigo. Seu som se torna intenso, de vez em quando insuportável. Por isso se afasta dos irmãos, como fará frequentemente no futuro. Isola-se. Procura proteção no regaço da terra, que chamará de mãe, para deixar que aqueles sentimentos se relaxem e encontrem uma nova luz.

Sua nostalgia não é uma nostalgia dos lugares solitários. É algo diferente, que experimentará por toda a vida, uma ânsia de permanecer cara a cara consigo mesmo e com Deus. Mas, se agora quer sobretudo subtrair-se à vista dos outros, é porque, por seu passado de pecador, lhe parece não ser digno de aparecer diante de quem quer que seja, tanto menos dos que o consideram um exemplo.

A tensão se torna realmente forte. Acontece, porém, algo novo: Francisco sente em si a brisa da misericórdia que havia experimentado com os leprosos, sente ser ele o leproso que precisa ser alcançado e tocado pelo amor de Deus, para ser libertado do peso do seu passado e experimentar uma liberdade nova, rumo ao futuro, com um coração renovado. O que já fez lhe parece pouquíssimo, se Cristo não lhe mostrar misericórdia. Francisco talvez quereria uma confirmação explícita, e a recebe, mas não de forma clamorosa: não aparece nenhum anjo. No entanto, chega nítida a confirmação interior de que foi amado e, portanto, perdoado de uma vez por todas, tornado novo, desvinculado de um passado que parecia uma prisão. Ele o sabe e isto basta. Doravante não o esquecerá mais. Poderá temer não viver mais daquela misericórdia; mas viver como se ela não tivesse existido, isso não. E impossível. A força de uma misericórdia tão grande o marcará pelo resto de sua vida.

Ao voltar para junto dos seus irmãos, Francisco surge simplesmente livre, luminoso, pacificado. O que aconteceu só ele o sabe. Agora pode enviar mais uma vez os seus irmãos a pregar a todas as criaturas: "Só Deus é bom. Temei e honrai, louvai e bendizei, rendei graças e adorai o Senhor Deus onipotente"[46].

Na mesma igrejinha da Porciúncula, numa noite de julho de 1216, quererá abrir a porta do perdão misericordioso de Deus a todos os que dele se aproximarem, como peregrinos e mendicantes de um amor que salva e renova. Não só para si, mas para todos, como dirá claramente exclamando: "Quero mandar-vos todos para o céu!" Sob inspiração divina, pedirá ao Papa Honório III e obterá o "Grande Perdão" da Porciúncula: "Santo Padre, se aprouver à vossa santidade, quero que todos quantos se achegarem a essa igreja, confessados e arrependidos e, como convém, absolvidos pelo sacerdote, se tornem libertados da pena e da culpa, no céu e na terra, desde o dia do Batismo até o dia e a hora de sua entrada na mencionada igreja"[47]. Uma indulgência que ainda hoje qualquer um pode obter.

---

46 Ibid., cap. XXI, 2; FFC, p. 135.
47 *Diploma di Teobaldo, vescovo di Assisi*, 10 de agosto de 1310. *Fonti Francescane*, ³2011, p. 1700s.

Os irmãos não querem viver de maneira diferente dos pobres aos quais distribuíram os seus bens, e assim continuam a fazê-lo: oferecem-lhes as poucas rendas da esmola e, para vesti-los, pedaços de seu hábito. Nisto Francisco é mestre, não lhe importa ficar nu!

Aquele grupo de primeiros companheiros se divide também para viajar dois a dois pelos caminhos poeirentos e cheios de luz da Itália central. Seu caminho conhece paradas diante das cruzes ou das pequenas igrejas do campo, pelas quais sentem uma devoção particular. Nelas rezam com as palavras tomadas da liturgia: "Nós vos adoramos, Senhor Jesus Cristo, aqui e em todas as vossas igrejas que há em todo o mundo, e vos bendizemos, porque, pela vossa santa cruz, remistes o mundo"[48].

Depois da oração olham ao redor e, se percebem que a capela onde se detiveram é poeirenta e descuidada, não hesitam em tomar nas mãos uma vassoura de ramos e limpá-la, como também os vasos sacros, os tecidos de linho e a custódia da Eucaristia. Sua atenção se volta também para os livros onde estão reproduzidos os Evangelhos proclamados durante as celebrações: Francisco sabe que de cada letra – até das letras dos não cristãos – se pode compor o Nome de Deus e, por isso, cuida delas e as venera. Cada palavra humana traz o eco da palavra divina e ele fica à escuta, atento. Nos Evangelhos ele as encontra todas e aprende alguma coisa boa com elas.

---

48 *Testamento*, 5; FFC, p. 141.

Estes gestos de cuidado de Francisco parecem ingênuos. Talvez tenham pensado assim também alguns dos seus irmãos, no início; mas, permanecendo com ele, aprendem que em qualquer partícula da criação e do que é humano pode-se encontrar e recuperar os sinais pelos quais Deus se torna presente na realidade. A matéria não só é boa, mas Deus, por seu trabalho, a transformou em mediação. Naquele tempo muitos negavam este realismo da presença e da ação de Deus, e Francisco o reafirma, sempre dando primazia aos gestos e não às ideias e às palavras. Nas mãos de Francisco, também uma vassoura de ramos se torna uma lição de teologia.

Nas igrejas Francisco e os seus encontram os sacerdotes, que na época tinham frequentemente escassa formação, nem sempre eram capazes de pregar, e por isso eram alvo fácil das críticas, muitas vezes ferozes, de movimentos radicais. Os irmãos de Assis, pelo contrário, os cercam de respeito. Francisco o diz claramente no seu *Testamento*: "E se eu tivesse tanta sabedoria quanta teve Salomão e encontrasse sacerdotes pobrezinhos deste mundo, não quero pregar nas paróquias em que eles moram, passando por cima da vontade deles"[49].

Francisco os acolhe justamente na sua inadequação; e, por outro lado, alguém que se despojou de todas as coisas e renunciou a reivindicar tudo o que lhe caberia por direito poderia agir de outra maneira? De resto, continua a ver neles uma espécie de ponte para Deus, administradores – em-

---

49 Ibid., 7; FFC, p. 142.

bora às vezes falhos e obtusos – de uma graça que provém do alto e da qual todos nós precisamos.

Francisco já está desarmado. Por isso beijou os leprosos, deixou-se abraçar pelo Cristo de São Damião, permitiu que os seus novos irmãos o invadissem; agora não pode senão encontrar, acolher e respeitar também os sacerdotes pobrezinhos. Não o faz com um sentimento de condescendência. Com efeito, escreve: "E a eles e a todos os outros quero temer, amar e honrar como a meus senhores. E não quero considerar neles o pecado, porque vejo neles o Filho de Deus, e eles são meus senhores. E ajo desta maneira, porque nada vejo corporalmente neste mundo do mesmo altíssimo Filho de Deus, a não ser o seu santíssimo corpo e seu santíssimo sangue que eles recebem e só eles ministram aos outros"[50]. Neles Francisco vê Jesus, que reconhecerá em muitos, mais tarde também num sultão. Para ele o rosto de Cristo transluz em toda criatura.

Portanto, dois a dois, os Penitentes de Assis entram nas cidadezinhas cercadas de muros e nas aldeias dispersas nos campos, anunciam a paz e lembram a todos o amor de Deus. Francisco não quer que sejam pronunciadas palavras inúteis e ociosas e recomenda aos seus que "seja sua linguagem examinada e casta, para a utilidade e edificação do povo, anunciando-lhe, com brevidade de palavra, os vícios e as virtudes, o castigo e a glória", ou seja, o cerne do Evangelho, "porque o Senhor, sobre a terra, usou de palavra breve"[51].

---

50 Ibid., 8-10; FFC, p. 142.
51 *Regra bulada*, cap. IX, 4: FFC, p. 124.

Em suma, a vida precede as palavras. Concisas estas, luminosa e convincente aquela.

Em Francisco encontramos uma plenitude de humanidade que não conhece limites, quase transborda, e ao mesmo tempo o pudor da pobreza que sabe recuar e deixar espaço ao outro. Francisco é tanto afetivo quanto às vezes duro, como o foi com o pai e com alguns irmãos mais tarde. É o irmão que vive entre a cidade e os bosques, entre as praças apinhadas e os eremitérios, opostos que no decurso de sua vida não se aplainarão, mas simplesmente conviverão, porque ele aprendeu a viver seja uns seja os outros. Na sua interioridade sempre em movimento, o contraste destas suas oposições se reúne sem parar numa personalidade rica de uma unidade viva, dinâmica. Não uma mistura desarmônica, mas a tensão incontornável e fecunda que dá unidade à sua vida e à sua palavra.

Capítulo 5

"Viver de acordo com o santo Evangelho"

Um propósito para viver livre

São tempos de contrastes, mas o que assusta Francisco não é a desconfiança ou o desprezo dos homens. Se o mundo tem motivos para rir, não é de admirar-se: justamente por isso ele se desnudou e escolheu aquela vida. Aliás, quanto mais a diferença destoa, tanto mais é de esperar que outros reparem nela e se convertam.

Muito mais problemática é e lhe aparece uma outra oposição que se vê no interior e que ao mesmo tempo ele avista em torno de si, ou seja, a oposição entre a sua intuição interior, evangélica, radical, e a Igreja como a conhecia e a encontrava em seu tempo.

Francisco recorda muito bem de sua primeira peregrinação a Roma, quando, enquanto jovem comerciante inquieto quanto ao que o futuro lhe reservava, foi rezar junto ao túmulo de Pedro, com a convicção, haurida no Evangelho, de que justamente àquele apóstolo Jesus havia confiado a sua Igreja, à qual permanecerá sempre próximo. Esta certeza não minguou nunca, talvez também porque seu próprio passado de pecador perdoado pelo amor divino lhe confirma que não são as forças humanas que obtêm sucesso, quando está em jogo o Evangelho. E crê firmemente que quem governa a existência e a santidade da Igreja é o Espírito de Deus, com os instrumentos humanos ou apesar deles, não obstante a inadequação de tantos eclesiásticos, para não falar de sua indubitável indolência. No entanto, ele se pergunta como é possível que o Evangelho tenha perdido a atração, que a alegre boa-nova se tenha diluído até tornar-se uma repetição cansada e distraída de atos insignificantes. E como poderão os cristãos que vivem e trabalham dispersos por toda parte, que têm família, perceber o calor do coração de Cristo se os sacerdotes são os primeiros a não percebê-lo? Mas foi Ele próprio que lhe disse que a Igreja vai ser restaurada.

Em Francisco aquela dor se funde com um impulso ideal cativante, porque há tanto a fazer! E como é belo ir pelo mundo sabendo que o Senhor se inquieta com ele. Nada de empreendimentos cavalheirescos, nada de paladinos. Uma frase escrita por Francisco muitos anos mais tarde, no fim de sua vida, nos faz perceber algo desta vibração dramática: "E depois que o Senhor me deu irmãos, ninguém me mostrou o que deveria fazer, mas o Altíssimo mesmo me revelou que eu deveria viver segundo a forma do santo Evangelho"[52].

---

52 *Testamento*, 14; FFC, p. 142.

Aqui ouvimos a vibração profunda da alma de Francisco e percebemos sua dinâmica, o germinar de uma intuição que cresce e floresce aos poucos, que toma forma em contato com a vida. Nada foi estudado teoricamente, pelo contrário. Francisco aceita o risco daquilo que é desconhecido, toma ao pé da letra o convite cristão e parte sem alforge, sem pão, sem sapatos, entregando-se plenamente a um futuro que não conhece, mas que o está aguardando. Não é ele que abre caminho, é o caminho que o conduz. Agora se concluiu o período em que ele passava de uma meta a outra, sempre insatisfeito, obstinando-se em busca da glória: ele aprendeu a deixar-se guiar.

Nunca procurou e muito menos queria organizar uma nova forma de vida monástica ou pastoral. Sim, na verdade ninguém lhe dizia o que devia fazer, mas Francisco encontra no bispo Guido um amigo e confidente, que nunca tentou encaminhá-lo contra a sua vontade: parece ter compreendido imediatamente que o que amadurece no coração do jovem precisa de tempo, e que não cabe a ele julgá-lo. Tratou-o com ternura desde o início, encorajou-o, deixou-o seguir adiante. E acontece algo nos caminhos que os irmãos percorrem a pé, junto com Francisco, nas pequenas igrejas descuidadas que eles limpam, nas praças e nas aldeias onde pregam a um povo simples: escutam a vida, procuram a rua, dão corpo a tudo o que Francisco vive. E, por fim, justamente aqui se manifesta uma palavra mais alta que indica o caminho e dá a energia para percorrê-lo. É o Altíssimo abrindo caminho na inquietude daqueles penitentes, não para dar respostas fáceis e imediatas, mas para fazer com que a ferida daquela busca se amplie e deixe espaço ao Evangelho, simplesmente; e isto significará traduzir aquela intuição também em formas institucionais. Ou melhor, justamente por isso.

O número de irmãos aumenta e as interrogações acerca de seu estilo de vida, tão singular, crescem. Muitos não os compreendem e os confundem com grupos que estão à margem da vida social, ou até mesmo com hereges. Francisco sabe muito bem que agora é responsável pelo dom que recebeu também para os outros irmãos, por todos os que se encontram com eles e por todos aqueles que chegarão em seguida. Por enquanto caminham sozinhos, com a benevolência e os conselhos do bispo Guido, quando Francisco os procura. São humildes e submissos aos sacerdotes, não procuram posições de poder. Mas seu número está crescendo velozmente e, mais cedo ou mais tarde, não passarão despercebidos. Já vão além da Úmbria, para regiões onde não são conhecidos e não podem contar com alguém que lhes sirva de garantia. É necessário um passo a mais. Uma apresentação. Uma forma. Francisco a resume com a costumeira síntese: "E eu o fiz escrever com poucas palavras e de modo simples, e o senhor papa mo confirmou"[53].

E assim um leigo sem cultura eclesiástica e jurídica ousa um gesto de grandes implicações: manda escrever um documento que ele próprio inspira. Não o possuímos, mas sabemos que era uma coletânea de textos evangélicos, entre os quais aqueles ouvidos em São Nicolau e na Porciúncula. Abandonar tudo para seguir o Senhor e andar pelo mundo

---

[53] Ibid., 15; FFC, p. 142.

a pregar o Evangelho. É o que ele deseja, é o que cobiça ardentemente, e a isto aspira com todo o seu coração, e o fixa para si e para os irmãos.

A decisão de partir de Assis para Roma e de apresentar ao papa pessoalmente aquele documento é daquelas decisões que deixam marca. Alguns anos após a viagem anterior, Francisco percorre mais uma vez o corredor bizantino em direção a Roma. Desta vez não está sozinho, leva irmãos consigo. Naquela ocasião trazia a inquietude de uma busca ainda confusa; agora a ansiedade consiste em fazer compreender que ele traz uma vida em vez de algumas regras, uma intuição que toma forma em vez de um esquema igual para todos. Saberá explicá-lo? Quererão compreendê-lo? Francisco confia o problema a Deus e continua o caminho.

Chegados a Roma, encontram ali o bispo de Assis, Guido, que os recebe com grande alegria, porque já sabemos que ele tinha particular afeto e estima pelo Pobrezinho[54]. O empreendimento não é fácil: na Cidade Eterna, no trono de Pedro está sentado Inocêncio III, Lotário dos Condes de Segni, eleito com apenas trinta e sete anos em 1198, após os estudos em Paris e em Bolonha e o serviço na cúria romana. Traz um nome que não assumiu sozinho, mas do qual sente todo o peso. Com efeito, pouco antes dele houve um outro Inocêncio III, um antipapa, eleito em 1179. Este nome lhe foi imposto para encerrar um capítulo de divisões e agora, após onze anos transcorridos no trono que foi de Pedro, ele está mais do que nunca determinado a manter a unidade da

---
54 Tomás de CELANO. *Primeira vida*, livro I, cap. XIII, 32; FFC, p. 164s.

Igreja. Energia não lhe falta, mas sabe que é preciso prudência. Pretende separar o trigo do joio, e longe dele arrancá-los juntos sem distingui-los muito bem. Está convencido de que as coisas de Deus se reconhecem na oração e por seus frutos, e combate o preconceito em primeiro lugar dentro de si. Além disso, é um homem preparado, de temperamento impetuoso e resoluto, um grande canonista, um asceta consciente da relatividade do mundo, um político sagaz que quer garantir à Igreja de Roma os seus direitos e a sua liberdade diante do poder temporal.

É muito diferente de Francisco! Mas, seja como for, Inocêncio procura sinceramente acolher, ouvir e integrar na Igreja católica os muitos grupos de leigos, os movimentos que pretendem encarnar o Evangelho na pobreza, afastando-se para os eremitérios ou vivendo do seu trabalho e pregando a penitência. Pôs em prática uma abertura semelhante desde o início do seu ministério, está atento aos pedidos que lhe são dirigidos, quer congregar a Igreja e não dividi-la. Navega em águas perigosas, está bem consciente disso. Deve manobrar entre as pretensões do imperador germânico Otão IV e os direitos do jovem Frederico II, cuja tutela lhe havia sido confiada por Constança d'Altavilla, viúva do falecido imperador Henrique VI, quando ele tinha três anos de idade. Hoje, com dezesseis anos, acaba de ser nomeado rei da Sicília e poderia reivindicar o título imperial. Além disso, o papa precisa resolver as muitas tensões internas da Igreja. Está convencido de que Deus lhe confiou este mandato preciso para a missão da Esposa de Cristo no presente momento histórico. Tem um sentimento agudo da miserável condição humana e, ao mesmo tempo, uma confiança inabalável na salvação de Cristo que alcança o ser humano. Mandou reorganizar os arquivos pontifícios e não só eles, para dar à Igreja uma organização melhor, mas sabe que isto não basta de jeito nenhum.

O que pode pensar Inocêncio naquela manhã (é a primavera de 1209 ou talvez a sucessiva de 1210), quando vê entrar na sala da audiências no Latrão aquele grupo de penitentes com túnicas modestas? O seu líder não se distingue, deve ser um comerciante que não sabe bem o latim. Talvez, à primeira vista, o pontífice é perpassado por um sentimento de aversão: observa Francisco e os seus, permanece cauteloso e precavido, porque sabe muito bem, por experiência, que os maiores espirituais podem esconder uma natureza diferente, rebelde, julgadora. Mas o papa sabe também que a Igreja precisa de ar fresco, de um impulso mais genuíno, para voltar a falar aos povos do mundo e, concretamente, daquela Itália central onde se travam tantas lutas pelo poder e a vida cristã definha.

Inocêncio está inquieto, embora sentado no trono mais alto. Além das guerras abertas, o atormentam não poucos problemas e disputas com bispos e abades, e além disso a cidade de Roma não é segura e não é fácil governá-la. Além disso, é doloroso para os seus incômodos habituais de saúde. Vive no "século do grande progresso", mas está consciente de que a Igreja só se adapta com muita dificuldade a esta mudança. É firme e resoluto quando reconhece o que é justo fazer, mas deve também manter unidos estímulos diferentes, experiências que parecem tão distantes umas das outras. A

Igreja não é uma tropa a ser organizada, mas um organismo vivo que é preciso deixar que se desenvolva, liberando as melhores energias.

Também naquela manhã talvez se acumulem na mente do papa pensamentos semelhantes. O grupo que acaba de entrar, que assume genericamente o nome de "Penitentes de Assis", lhe recorda alguma coisa: aquele nome, aquela cidade, lhe são familiares. No passado recente os assisenses haviam tido alguns conflitos com os cidadãos de Perúgia, cidade posta sob sua proteção. Mas é também a pátria de Guido, bispo e homem culto que ele preza.

Sem dúvida, aqueles homens parecem um pouco estranhos, pelo aspeto, pelo vestuário. E, além disso, entre eles figuram, sem distinção, leigos, clérigos, nobres, comerciantes e homens simples do povo. Na maior parte são leigos, como o papa já percebeu, mas isso para Inocêncio está longe de ser um problema. Ele próprio, logo depois de eleito papa, canonizou um leigo, o piedoso e generoso comerciante Homobono de Cremona, oferecendo assim o exemplo de uma santidade no mundo e entre os novos estratos sociais que surgem.

O pedido que apresentam ao papa tem muito em comum com o pedido de diversos outros grupos que ele já aprovou ou que transpuseram as fronteiras da heresia. Aqueles nomes sempre lhe zumbem na cabeça, entre o bom que existe em não poucos deles e as preocupações que outros lhe provocam. Por exemplo, Valdo de Lião e os seus partidários infelizmente se afastaram definitivamente da Igreja. No início Valdo era um rico e famoso comerciante de tecidos, que a certa altura havia distribuído os seus bens aos pobres e se pusera a mendigar, um caminho que de fato se assemelha muito ao percorrido por Francisco. A escuta de um jogral, em 1173, o havia levado a refletir até conduzi-lo à conversão e ao anseio evangelizador. O movimento pauperístico por ele guiado se tornara sempre mais numeroso, ao ponto de a confraria ser aprovada em 1179, pelo Concílio Lateranense III, do qual o próprio Valdo havia participado junto com alguns seguidores. Havia sido aprovada a tradução da Bíblia para o francês e alguns deles haviam sido autorizados a pregar. Assumiam o nome de "Pobres de Lião". Depois as divergências, mas sobretudo as incompreensões com o arcebispo de Lião e o endurecimento das respectivas posições, haviam levado a uma excomunhão.

Naquele caso teria sido possível fazer algo a mais, ou algo melhor? O papa Inocêncio continua se perguntando. Incontestavelmente as intenções dos valdenses, no início e depois durante algum tempo, eram boas; em seguida se afastaram de Roma mais por questões de disciplina do que de teologia. Tudo isto ocorreu sob um dos seus predecessores, Lúcio III, e ele não pode fazer nada, mas é uma magra consolação. No que cabe a ele, deseja que aqueles erros não se repitam, que onde for possível as dissensões sejam resolvidas por bem, com caridade, tanto mais que muitas daquelas pessoas nutrem um sincero espírito religioso. Graças a Deus alguns seguidores de Valdo de Lião retornaram ao seio da Igreja católica e em 1208, num encontro em Roma com Inocêncio III, seu líder Durando de Osca obteve a permissão de praticar uma pobreza muito rígida. E, quase contemporaneamente, os "Pobres reconciliados", outros discípulos de Valdo, retornaram a Roma com a permissão de viver também eles em pobreza, dedicados à pregação itinerante, em comunhão de vida entre leigos e clérigos, com o compromisso de não denunciar e criticar publicamente os vícios do clero.

Mas, às vezes, a caridade não basta, e Inocêncio se viu obrigado a reprimir com uma cruzada os hereges albigenses na França, que negavam a divindade e a humanidade de Cristo e atribuíam a criação do mundo a um ser malvado. A guerra se tornou inevitável porque a sua pregação estava se difundindo e, alimentando o ódio contra Roma, suplantava a rede tradicional dos sacerdotes e dos fiéis. De resto, também os seguidores que haviam permanecido com Valdo nestes anos começaram uma organização eclesiástica paralela; contestam com força a hierarquia e os próprios sacramentos, e formaram, sobretudo no norte da Itália, uma espécie de "contra-Igreja"; a propósito o próprio Inocêncio III não pode fazer muita coisa, porque as cidades italianas têm sua autonomia jurídica que torna inaplicáveis os seus decretos. Certamente este dado de fato não mitiga seu desgosto.

É evidente que a Igreja não tem uma grande força para reagir a estes fenômenos. Não bastam sentenças e condenações, e nem mesmo repressões armadas, para deter movimentos que têm raízes profundas na sociedade e entre os próprios católicos. Também não é fácil admitir novamente os que se reconciliam com a Igreja, porque muitas vezes os clérigos não mostram boa disposição para com eles.

Todos estes nomes e tudo quanto se move em torno deles, Inocêncio os tem bem presentes quando inicia o colóquio com este outro grupo de penitentes: eles pedem para viver como irmãos, sem divisões entre leigos e clérigos, sem nenhuma propriedade, livres para pregar e, portanto, itinerantes, desprovidos de casas e de bases seguras donde partir e para onde retornar. O papa experimenta para com eles um sentimento de rejeição: esfarrapados, com os pés descalços, bastante sujos, sente o mau cheiro. O chanceler lhe entrega um pergaminho que eles elaboraram, com poucas frases do Evangelho e algumas normas essenciais para viver juntos.

O Cardeal João de São Paulo, bispo de Sabina, os apresentou e garante acerca de sua ortodoxia. O papa tem reconhecidamente um caráter firme e claro, sabe dar-se conta da situação e decidir, portanto, de modo concreto ou, seja como for, deixando uma porta aberta: observa em silêncio por longos instantes o cabeça deste grupo, o tal de Francisco. É como se alguma coisa fugisse de sua rapidíssima inteligência capaz de captar o outro num piscar de olhos, a ponto de ver o que é oportuno aqui e agora.

O papa quer ver as coisas com clareza, mas está indeciso: quem ele tem realmente diante de si? Um dos costumeiros sonhadores que não se dão conta das verdadeiras urgências da Igreja naquele momento, ou um cristão que pode dar-lhe um novo frescor? Não consegue dominar a situação e, como nos conta um cronista da época, decide pôr Francisco à prova: despede-o ordenando que role na lama dos porcos, seus semelhantes pela condição extrema. Talvez pense que desta maneira pode ter-se libertado dele, pode ter desmascarado um dos tantos visionários que o visitam; e, no entanto, algumas horas mais tarde, ele comparece novamente à sua presença envolto na catinga dos porcos, dizendo-lhe que fez como o senhor papa lhe havia ordenado.

Esta simplicidade, a imediatez do seu pensamento e ação sacodem Inocêncio, o canonista habituado à nitidez da lei. É tocado no fundo da alma, sente o peso do ofício e das insígnias que traz, como sempre acontece; é como se a palavra daquele "irmão" tivesse despertado um desejo seu mais profundo, a inquietude por uma Igreja mais livre, mais pobre, mais santa. Será que a escolha que aquele pobretão fez seria a melhor possível? Deveria imitá-lo? Mas não. Ele não pode prometer-se isso, precisa governar a Igreja inteira; tantos problemas e outros grupos pressionam e esperam uma audiência.

Mas o papa se pergunta também se os sonhos não fazem parte de um bom governo, a fim de olhar mais longe e antecipar o futuro, porque só com o presente se pode morrer. Ele se abana, se recompõe sobre o trono e arruma as vestes. Volta a concentrar-se na observação da realidade, para identificar a solução mais oportuna. Assim decide mandá-los a pregar a penitência e os convida a retornar quando tiverem crescido em número e em graça. Então lhes concederá ainda mais, de acordo com a necessidade.

O pedido de viver sem nenhuma propriedade era o que mais preocupava Inocêncio, e não só ele, mas também os cardeais da cúria: os purpurados de então tinham em comum a origem nas classes altas e o hábito do conforto e se sentiam "príncipes da Igreja", e muitos deles consideravam natural a posse de terras, palácios, móveis, alfaias, hábitos condizentes com sua categoria.

Inocêncio precisa mediar: dar espaço ao pedido de Francisco poderia assustar muitos. Por outro lado, conta com o fato de que a presença e a maneira de ser dos frades, tão franca e simples, inspirarão confiança. E, seja como for, ficará de olho neles. Enquanto isso, concede-lhes a tonsura simples, o rito (hoje já extinto) de cortar os cabelos de forma circular na nuca, que indicava uma escolha de conversão permanente: os irmãos iniciam o caminho de retorno a Assis provavelmente com este sinal externo, alegres por terem sido recebidos e pela aprovação e, sobretudo, prontos a viver ainda o Evangelho.

Mas este não é o início de uma nova ordem religiosa; quando muito é a garantia de poder viver plenamente o Evangelho na Igreja, permanecendo sempre e de qualquer maneira irmãos de todos, sem jamais ser contra ninguém. Ao mesmo tempo foi lançada uma base para passar, no futuro, de um grupo fraterno de leigos a uma verdadeira ordem religiosa.

Falta, no entanto, um ponto firme de referência, uma igreja que lhes dê o título para serem reconhecidos. Os cônegos da cidade se recusam a fornecê-la, porque os olham com desconfiança por causa de sua novidade e estranheza. Encontrá-la-ão em 1211, graças aos beneditinos do mosteiro de São Bento no monte Subásio, que darão formalmente a título "de empréstimo" a pobre igrejinha de Santa Maria dos Anjos na planície. A Porciúncula. Em troca de um cesto de peixes uma vez por ano, os irmãos se estabelecem em pobres cabanas de ramos em torno daquela capela dedicada à Virgem. Um lugar que se tornará importante para todos eles, que justamente ali se reunirão regularmente em torno a frei Francisco para depois partir novamente pelo mundo a pregar o Evangelho.

Em busca de uma identidade

O caminho pela estrada rumo a Assis é lento, agravado por muitas etapas. Os irmãos se detêm por duas semanas a meio caminho, num lugar afastado que descobriram não longe da cidadezinha de Orte. Aqui, talvez porque se sentem confortados pela aprovação pontifícia, voltam a perguntar-se mais profundamente quem são de verdade e como devem viver. Alguns percebem o fascínio da vida eremítica na solidão, enquanto outros o da vida dedicada à pregação itinerante.

Esta tensão é familiar a Francisco e assim permanecerá também em seguida. Ele não conhece sínteses intelectuais, válidas para sempre. Experimenta, de preferência, o costumeiro contraste entre o que ele percebe com força no seu interior e a realidade na qual vive, também a sua realidade pessoal. Gostaria de afastar-se para um eremitério e permanecer a sós com Deus, mas sente também, imperioso, o chamado a estar ente os outros. Sua própria personalidade conhece os dois apelos. Encontra o ponto de encontro na consciência sempre mais clara de que Deus não os chamou apenas para si mesmos, mas também para a utilidade e a salvação de muitos.

Francisco tem plena consciência de que o papa os enviou a pregar a penitência. Mal e mal reentrados no vale de Espoleto, retomam a pregação, simples e alegre, em povoados e aldeias, mais fortalecidos pelo envio recebido. Lançam-se com entusiasmo, mas às vezes são dominados pelo temor de serem poucos e, sobretudo, não suficientemente preparados diante do que encontram. Para tranquilizá-los, Francisco os remete sempre ao Evangelho: a sua pequeneza é a própria condição para um anúncio crível e o fato de não raramente serem rejeitados é uma garantia. Assim sabem que a missão não depende das suas forças.

Há de tudo entre os que eles encontram: alguns se detêm para ouvi-los com simpatia e alegria, outros zombam deles. Muitos os bombardeiam com perguntas, e dá um trabalho encontrar respostas para todos. Uma novidade evidente faz muitas vezes nascer novas curiosidades. Alguns perguntam: "Donde sois?" Outros, ao invés: "A que Ordem pertenceis?" Eles respondem com simplicidade, como fizeram desde o início: "Somos penitentes e nascemos na cidade de Assis". E muitos também, ao vê-los e ouvi-los, os consideram impostores ou iludidos. Muitos pensam que são apenas pobres sonhadores, loucos. E, com efeito, justamente por isso, não vem talvez deles um olhar diferente sobre a realidade? Alguns têm medo que roubem nas casas, pois parecem andarilhos inconfiáveis. As suspeitas acerca deles persistem e acontece serem cobertos de injúrias. Também por este motivo permanecem na maioria das vezes sob os pórticos das igrejas ou das casas onde não foram rejeitados, como tantos sem residência fixa. Deste ponto de vista a bênção papal mudou muito pouco, embora no âmbito eclesiástico quem ouviu falar disto é mais favorável do que antes: a aprovação, embora apenas oral, por parte do papa Inocêncio, deu força a Francisco e aos seus irmãos. Mas pelas ruas continua a acontecer de tudo, como no dia em que dois deles, a caminho, são recebidos a pedradas. Em Florença uma mulher, vendo sua vida e sua oração, quis acolhê-los, mas o marido não quis saber daqueles andrajosos inconfiáveis. Na mesma cidade, no entanto, houve um certo Guido que os recebeu com benevolência, embora na maioria das vezes provem o sabor amargo da rejeição e do escárnio: são até mesmo privados de suas pobres túnicas, lançados no frio, considerados seres silvícolas[55].

A fadiga, o desconcerto, às vezes talvez até mesmo a dúvida se o que estavam fazendo era sensato não os abandonam nunca, mas seguiram Francisco com ardor, e continuam a fazê-lo, a caminho. Agora crescem na vida que viram nele e que gradualmente se torna a sua vida. Através da provação. Não se opõem aos que se opõem a eles e isto suscita em alguns um repensamento, um pedido de perdão, uma aproximação aos irmãos.

Tratam a todos com gentileza e com respeito, dirigem-se até mesmo às pessoas comuns com aquele aceno de reverência que outros tributam aos nobres. Oferecem-se para trabalhar nos campos e em outros âmbitos, a fim de ganhar o pão cotidiano. Não querem outra remuneração. Na realidade, quem dentre eles exercia algum ofício conservou as ferra-

---

55 *Legenda dos três companheiros*, cap. X, 37-40; FFC, p. 590-593.

mentas e pode continuar a praticá-lo para ajudar. O próprio Francisco aprende a trançar cestos. Além disso, diferentemente dos monges que recebem rígidas prescrições acerca dos alimentos, os frades aceitam de boa vontade qualquer alimento que lhe for oferecido (o que não impede que Francisco primeiro se imponha habitualmente a mais frugal das dietas e ensine os seus com a própria vida a fazer o mesmo).

Os que os observam se dão conta de que a sua loucura é uma loucura um pouco especial; as pessoas compreendem aos poucos que este estilo de vida é bastante diferente da miséria forçada dos que não têm nada, porque são marginalizados contra a sua vontade, por causa das circunstâncias ou das injustiças sociais. Eles são pobres porque querem ser pobres, consideram supérflua qualquer posse material e, se trabalham, não é para ganhar patrimônios ou para galgar as posições sociais. Nem se põem ao lado dos pobres para marchar contra os ricos e inverter a ordem constituída. Pelo contrário, fazem notar que quem tem bens terrenos tem o dever – e deve ter a alegria – de ajudar quem não os tem. Todos têm o direito de compartilhar o que Deus preparou para a família humana. É a fraternidade exigida pelo Evangelho.

Se ser pobre desta maneira equivale a ser livre e feliz, aquela conduta atrai. Sua própria vida o demonstra.

É possível aos irmãos amar-se assim, entre tantas provações, porque não possuem nada e o pouco que têm para a oração e para a vida cotidiana eles o têm em comum. Não praticam a mendicância, a não ser para comer e alimentar quem tem necessidade. Aprenderam que, se não há nada para defender, as pessoas se tornam menos agressivas, mais livres. Por isso aprendem a prevenir-se mutuamente, a ouvir um ao outro, a ir ao encontro uns dos outros. Francisco vê os seus irmãos viverem assim e em 1223 escreverá na Regra: "E onde estão e onde quer que se encontrarem os irmãos, mostrem-se mutuamente familiares entre si. E com confiança um manifeste ao outro a sua necessidade, porque, se a mãe nutre e ama a seu filho carnal, quanto mais diligentemente não deve cada um amar e nutrir a seu irmão espiritual?"[56]

Ser não só irmãos, mas até mães uns para os outros, cuidar da vida e fazê-la crescer, porque em cada um está presente o bem que é um vestígio da bondosa mão criadora de Deus. E este alento se fará maior para com os irmãos que erram: "Não haja no mundo irmão que pecar, o quanto puder pecar, que, após ter visto teus olhos, nunca se afaste sem a tua misericórdia, caso buscar misericórdia. Se não buscar misericórdia, pergunta-lhe se quer [obter] misericórdia. E se depois ele pecar mil vezes diante de teus olhos, ama-o mais do que a mim para trazê-lo ao Senhor; e tenhas sempre misericórdia desses irmãos"[57].

Francisco viu irromper na sua vida o poder da misericórdia. Ela derruba suavemente muros, abre brechas, faz circular a vida e gera irmãos de todas as criaturas; permite dar o que se tem e permanecer felizes; cura as feridas, a partir da ferida do pecado, a mais dolorosa.

Inexaurível misericórdia: é o conteúdo mais profundo da sua pregação, no qual se reúnem o desejo de solidão e de

---
56 *Regra bulada*, cap. VI, 8-9; FFC, p. 123.
57 *Carta a um ministro*, 9-11; FFC, p. 93.

comunhão com Deus, que é Amor, e o anúncio da sua misericórdia para com todos, sem distinções.

A missão se amplia para Assis, onde o iniciador havia sido rejeitado e zombado. Agora faz daquela cidade o campo de um novo anúncio. Certo dia Francisco diz a um dos seus: "Irmão, acompanha-me até a praça da Comuna, porque quero pregar com o exemplo. Fui guloso: comi um pedaço de frango com a desculpa de recuperar as energias. Todos precisam saber disso, enquanto me consideram santo".

O companheiro rebate: "Francisco, não faças isso! Todos sabem como vives e ficarão confusos ao ver que te denuncias diante do povo!"

"É assim" – revida Francisco –, "quero que tudo quanto causa dor em mim provoque nos outros uma compaixão que emocione até provocar o arrependimento, para mudar a vida"[58].

Assim Francisco recupera a relação com a sua cidade, à qual quer anunciar a paz e a unidade, necessárias em tempos de divergências e conflitos.

A beleza de Clara e das irmãs

É uma tarde de verão, estamos no ano de 1253. Clara, deitada em seu leito no dormitório de São Damião, ouve com prazer especial o canto dos pássaros que lhe chega pelas janelas estreitas. É obrigada a permanecer nesse colchão

---

58 Cf. Tomás de CELANO. *Primeira vida*, livro I, cap. XIX, 52; FFC, p. 175.

de palha há muitos anos, não consegue mais caminhar bem. Agora sente iminente o encontro com a morte, que Francisco chamou de "irmã".

Naquele momento está sozinha no amplo local e pode abandonar-se às recordações, mais vivas quando alguém se aproxima do fim. Ela é tão grata pelo dom da vida e nesses dias repete para si mesma: "Vá segura, que você tem uma boa escolta pelo caminho". E, alegre, acrescenta: "Bendito sejais Vós, Senhor, que me criastes!"[59]

Ao mesmo tempo percebe dentro de si a amargura e a dor de Cristo na sua paixão e com elas a amargura e a dor de tantos pequenos da terra. Quantos ela própria encontrou em São Damião! Esta participação nos sentimentos de Cristo lhe permite não temer a passagem da morte que se aproxima: "Estavas tu, Senhor, por trás de toda mão estendida, de todo olhar abatido, de toda veste rasgada. Eu te saciei, te nutri, te acariciei, te honrei. Confio nisto. E agora sei que me esperas e me acolherás". Deste teor foram seus pensamentos, refletidos no sorriso inalterável. Está repleta de alegria, porque o bem que adorna a sua vida é grande.

O sentimento mais íntimo de gratidão a leva em pensamento até Francisco, morto vinte e sete anos antes. Para ela, ele está sempre vivo e presente, com sua pessoa franzina e ardente, com sua palavra que remete à boa-nova do Evangelho, com alegria e sem descontos. Retorna à sua memória a figura de Francisco, a paz que desde o início lhe havia transmitido com seu canto, a suave força que irradiava do

---

[59] Tomás de CELANO. *Legenda de Santa Clara*, 46; FFC, p. 1320.

seu olhar, a beleza de uma vida tocada e transformada pelo Evangelho. Ressoa nela a sua voz, que lhe fazia ver como se fosse ao vivo o Cristo pobre, do qual ela se havia enamorado perdidamente. Viver pobre com suas irmãs pobres, ou seja, privadas de garantias e abandonadas à Providência, era a resposta àquele amor, por toda a sua vida.

Clara havia resistido a tantas pressões que queriam dissuadi-la de um propósito considerado quase desumano: como era possível mulheres viverem sem rendas, num mosteiro, embora pequeno, dependentes das esmolas de outros? Isto era quase mais escandaloso pelo fato de nobres e mulheres do povo simples viverem juntas, sem separação. Era simplesmente o Evangelho, mas não era fácil compreendê-lo.

Ela, Clara, havia mantido sempre viva a tensão evangélica que Francisco havia injetado nas veias da Igreja. Ela o havia feito vivendo, junto com suas irmãs e com alegre fidelidade, o apelo a amar o Cristo pobre. Era o caminho delas para viver o Evangelho, como Francisco havia sempre recordado com sua vida e com sua palavra. Para ela tratava-se justamente de manter aquela tensão para o alegre anúncio em todas as escolhas cotidianas de vida. Por isso, desejara viver da Providência, não ter propriedades, continuar sendo irmã entre as irmãs, permanecer reclusa com elas e, desta maneira paradoxal, estar próximas da cidade, protegendo-a com sua presença e com sua oração: bastava um pequeno pedaço de terra em torno do mosteiro, as vestes sóbrias, o alimento essencial, a vida simples no ritmo de oração e de trabalho e a educação para aquele silêncio que ajuda a escutar a voz que sai da interioridade própria, da interioridade dos outros e do coração de Deus, e que retribui palavras verdadeiras. Clara aprendeu com Francisco que não existem receitas preestabelecidas. Para ela a condição era permanecer a caminho, aberta ao sopro do Espírito que ilumina o passo a dar em cada situação, escutando a vida, as irmãs e a palavra do Senhor.

Clara havia percebido a dança do Espírito na criação e entre as pessoas, inclusive as mais afastadas da fé; intuía que obedecer a esta ação interior em nós e nos outros era o caminho a percorrer, mesmo permanecendo no pequeno recinto de São Damião. Aquele limite nunca a impediu de mover-se livremente.

Acerca do início vêm à tona as recordações das suas práticas muito duras de jejum e outras penitências, expressão da tensão rumo ao Evangelho vivido e abraçado e do temor de traí-lo. Nisto o próprio Francisco a havia redimensionado: lentamente ela aprendera que não está em jogo apenas o permanecer fiéis e não desertar do ideal, mas também seguir os passos de Cristo pobre, fazê-lo na liberdade do Espírito e assim pôr-se a caminho e não deter-se em refúgios cômodos.

No pequeno local de São Damião sempre havia sentido a proximidade de Francisco, também quando não pudera vê-lo por longos períodos. Agora ela tem a liberdade de espírito para reconhecer que aquelas inexplicáveis ausências lhe eram pesadas, e às vezes também a haviam ferido. Apesar disso, percebia o que Francisco vivia, por uma misteriosa e igualmente real afinidade, que no Espírito se tornava mais sensível. Por outro lado, havia captado que, se a vocação era a mesma, os modos e os lugares eram muito diversos. A máxima proximidade encontrava a distância mais forte e aqui aumentava a sua unidade, uma comunhão muito humana porque divina.

Ao mesmo tempo foi preciosa também a proximidade dos companheiros de Francisco, especialmente de alguns que lhe estão próximos ainda agora, em torno do pequeno leito: no dia anterior frei Leão beijou o colchão de palha do seu leito e aquele gesto a tocou profundamente. Sentiu a própria ternura de Francisco, uma carícia vinda do céu.

Agora o caminho foi percorrido, até o fim; agora ela sabe que está no limiar da vida e sua recordação remonta ao primeiro encontro com Francisco e os seus irmãos, e com a tensão evangélica que os animava. Não se libertou mais dela. Era apenas uma moça que procurava ouvir, também ela, a inquietude que experimentava. Não queria casar, nem entrar num dos mosteiro existentes. Estava à procura de algo que só conseguia entrever. E estava determinada a não deixar o seu futuro nas mãos daquilo que os outros decidiam[60]. O encontro com Francisco havia começado a dar corpo a esta intuição, e no entanto ela não havia vivido à sua sombra, havia conservado a própria liberdade interior[61].

As lembranças se sobrepõem umas às outras, ora indeléveis, ora nítidas, ora mais confusas, com a debilidade que dela se apodera. Clara tinha talvez seis ou sete anos, quan-

---

60 *Processo*, 18ª test., 2; FFC, p. 1363.
61 Chiara FRUGONI. *Una solitudine abitata. Chiara d'Assisi*. Roma-Bari: Laterza, 2006, p. V.

do acompanhou a mãe até a loja de Pedro Bernardone para encomendar tecidos a fim de fazer vestes e toalhas. Ficou impressionada com aquele jovem desenvolto que devia ter uns dez anos a mais do que ela. Ele as havia atendido e estava claro que fazia questão de causar boa impressão, sem dúvida para vender bem sua mercadoria, mas também por inclinação natural.

"Que jovem simples e bom", havia comentado dona Ortolana quando saíram para a rua. Um comentário insólito acerca de alguém que não pertencia à sua classe aristocrática e, por isso, tanto mais significativo.

Mais tarde, quando a sua família estava refugiada em Perúgia nos tempos do motim dos populares de Assis contra os aristocratas (seu pai, o nobre Favarone, era um deles), não havia talvez ouvido falar dele com rancor da parte dos próprios parentes, satisfeitos com o fato de que, como muitos dos seus pares, Francisco havia sido derrotado e aprisionado na mesma cidade?

E, em seguida, acalmadas as águas e retornados a Assis, não foi talvez Francisco que ela viu da janela enquanto, à noite, passava pela rua, sob seu palácio, alegre e despreocupado, no centro de um bando de numerosos e barulhento pândegos?

Algum tempo depois o fato de revê-lo despojado de tudo e ainda mais feliz – ele que havia sido a alma das festas citadinas – havia impresso nela uma marca indelével. Havia aceso nela um fogo que lhe fazia ver tudo sob uma nova luz, para reconhecer o que ela desejava com todo o seu ser: viver o Evangelho em simplicidade e pobreza. Não sozinha, mas com outros.

Francisco lhe aquecia o coração e ela havia começado a procurá-lo, a recebê-lo e mais ainda a visitá-lo. Fazia-se acompanhar por uma amiga de confiança para ouvi-lo e falar com ele sobre suas inquietudes e expectativas, sobre seus desejos e esperanças. Encontros intensos, cheios de vida, de busca, de horizontes que se abrem. Já era uma boa cristã, a mãe lhe havia inculcado a fé, da qual viveu até agora. Se também antes se empenhava em obras de caridade, daquele momento em diante visitava com mais frequência os pobres e lhes trazia pão e roupas, ternura e proximidade. Sua oração se tornara mais intensa, como quem bate à porta do coração de Deus. Ela própria havia falado de uma iluminação recebida. Sua inquietude crescia em contato com a vida, a tensão evangélica começava a ganhar forma, não podia descumpri-la ou fingir que nada acontecia.

Ela havia descrito esta fase como um tempo de conversão, de mudança existencial. De maneira diversa, estava experimentando o que o próprio Francisco havia vivido. Ninguém se torna novo num piscar de olhos; a transformação pessoal é um caminho longo, atormentado e laborioso. Esta labuta havia sido evidente em Francisco, enquanto nela tudo parecia mais linear: havia intuído o trajeto, havia seguido o que tomava corpo nela, havia respondido à voz do Espírito e havia enveredado pelo Caminho. Não havia compreendido tudo no início, havia confiado e enveredado por um caminho desconhecido. Sabia, e sabe, a quem ela pertencia para sempre, a Cristo, e não havia procurado outro. Podia enfrentar o desconhecido, porque sabia que teria sempre encontrado a Ele, em qualquer lugar que fosse.

Clara se perguntava por que esperar longamente. Já se sentia pouco à vontade nas vestes que trajava e nos ritos de sua condição de nobre, porque outra coisa urgia e quase lhe tirava o fôlego. Precisava andar, transpor o limiar.

O limiar. Essa palavra que lhe invade o coração a transporta com força e doçura ao Domingo de Ramos, dia 28 de março de 1212. Naquela manhã a luz do sol inundava as casas, as ruelas de Assis e a praça da catedral, onde se encontrava o palácio nobiliário da família. Ela havia atravessado o portão e deixado para trás a história e a nobreza, as comodidades e as perspectivas. Seu pai, o conde Favarone di Offreduccio degli Scifi, não sabia do seu propósito. Sua mãe, a aristocrática e piedosa Ortolana, talvez tenha intuído alguma coisa e, aliás, não havia escondido a simpatia pela vida que a filha levava. Algum tempo depois, tendo enviuvado, a havia seguido, tornando-se como ela e com ela uma irmã dedicada a Cristo.

Mas naquele dia Clara estava pronta para fugir. Havia decidido com Francisco que era o momento apropriado. Desceu as escadas, encontrou-se com outras jovens, radiantes nas suas vestes de festa. A fila das damas serpenteava para entrar na catedral e, transposto o limiar do pórtico, o movimento se acelerou porque todas queriam receber a palma mais bela e talvez também fazer-se notar. No empurra--empurra ela ficara para trás, como que escondida. Outra coisa lhe passava pela cabeça, estava prestes a mudar de vida. Os outros se apressaram a ir pegar os ramos, mas Clara ficou parada em seu lugar por recato, e o pontífice desceu os degraus, aproximou-se dela e colocou-lhe a palma nas mãos[62]. Todos ficaram surpresos.

Confusa aceitara o ramo brilhante, inclinando-se e esboçando um sorriso. Durante o resto da missa permaneceu recolhida em si, enquanto ouvia o canto da Paixão do Senhor, seguindo seus passos fora das muralhas de Jerusalém, para fazer-lhe companhia e permanecer com ele. Para sempre.

O eco desta escuta ressoara profundamente nela durante o dia da festa, até cair a noite. Sua emoção crescia enquanto se aproximava a hora de deixar aquela casa onde nascera e crescera, onde fora sempre muito amada. Sabia que não tinha outra escolha. Seu pai nunca teria concordado com uma decisão tão original; era algo maior do que ele, não se podia pretender que compreendesse: estava em jogo a honra da família, do seu *status*, da imagem diante da cidade. Para ela, pelo contrário, tratava-se do Evangelho, tomado ao pé da letra. Já havia experimentado que aquela palavra, tão enxuta é capaz de tornar nova a vida.

Finalmente, de madrugada, levantara-se e vestira-se às pressas. Finalmente, saíra da casa da família, para onde os seus haviam retornado do exílio em Perúgia apenas dois anos antes. Atravessado o jardim, dirigira-se a um porta que permanecia sempre trancada, utilizada só para levar para fora os falecidos, um símbolo poderoso de morte e de vida. Apressara-se em direção a Santa Maria dos Anjos, onde de

---

62 Tomás de CELANO. *Legenda de Santa Clara*, 7; FFC, p. 1303.

longe avistara as tochas que os frades levantavam para ajudá-la a encontrar o caminho. Seguira com passo veloz aquela luz gentil que fendia a escuridão da noite, estimulada pelo sentimento de liberdade que a impelia e pelo coração que batia forte. O caminho parecia abrir-se diante dela, apesar de escondido no matagal e dificultado pela lama. Suas vestes se sujavam de barro, mas ela não se importava.

De repente a silhueta da igrejinha se deixara reconhecer pela pequena abside saliente que emergia entre as últimas árvores. Contornara-a e encontrara Francisco, que a esperava com seu sorriso e de braços abertos. Os irmãos a rodearam com as tochas acesas e aquele sentimento de calor a confortara. Fora uma cena indescritível, aquele momento havia sido longamente esperado. Em silêncio entraram na capela, ajoelharam-se diante do altar e logo fluíram, velozes e em voz baixa, as palavras: "Nós vos adoramos, Senhor Jesus Cristo, aqui e em todas as vossas igrejas..."

Clara ainda se comove quando recorda o que se seguira. Francisco se levantara e diante do altar lhe perguntara: "Queres seguir para sempre o Cristo pobre?"

Ela havia respondido : "Sim, de todo o coração e para sempre". Francisco lhe havia cortado os cachos de cabelos loiros e ela havia trocado suas vestes por uma túnica e uma corda, como as dos irmãos.

Agora, no seu leito, sussurra: "Sim, Senhor, eu o fiz realmente, te segui, e tu permaneceste perto de mim. Obrigada." Na iminência do fim, ocorre-lhe espontaneamente voltar-se para o amor da sua vida e agradecer-lhe novamente, por tudo. As recordações continuam a fluir nítidas: naquela noite a cabeça fora coberta com um pano rústico, para cobrir os cabelos cortados que indicavam a quem ela pertencia. Os frades cantavam: "Vem, esposa de Cristo" e sua voz na escuridão se fundira com o reflexo da lua e havia aceso uma nova luz.

A fraternidade fora enriquecida com Clara.

Homens e mulheres não podiam permanecer juntos e por isso Francisco a havia levado logo para o mosteiro das beneditinas de São Paulo de Bastia. Clara seria imediatamente empregada entre as irmãs incumbidas dos serviços mais humildes, ela, uma nobre. O ritmo da comunidade era regular e favorecia a paz; entretanto, desde o primeiro momento, Clara sabia que aquela não era a sua vida. Por isso, depois, Francisco a havia conduzido ao mosteiro feminino de Santo Ângelo de Panzo, na encosta do Subásio. Aqui se haviam unido a ela algumas outras senhoras silenciosas, que compartilhavam sua própria inquietude.

Logo que aquela fuga se tornou conhecida, irrompeu o escândalo. E a culpa, naturalmente, era atribuída àquele Francisco desajuizado, já bem conhecido por seus incompreensíveis estratagemas. Assim se vociferava em toda Assis. Na realidade, parece difícil que Clara e Francisco tenham podido organizar tudo sozinhos: o bispo havia garantido seu apoio, talvez tacitamente, e também as monjas de São Paulo estavam certamente ao corrente da chegada de Clara e preparadas não só para acolhê-la, mas também para protegê-la. Aliás, ela tinha uma idade em que podia decidir por si.

Clara queria fazer o que faziam os frades de Francisco: abraçar uma vida de pobreza e de oração. E sua escolha corajosa podia atrair seguidoras: um par de semanas mais tarde a irmã Inês se uniria a ela, e depois outras mulheres. A reclusão voluntária destas jovens, predestinadas a núpcias condizentes com sua classe e com os interesses da família, tinha algo de clamoroso. Tratava-se de uma verdadeira reviravolta social, que punha em crise o modelo tradicional.

Muito grande era a afronta feita a uma família nobre entre as mais insignes da cidade. A linhagem de Clara não podia aceitá-la em silêncio. Capitaneados por Monaldo, um irmão do pai, os capangas haviam procurado trazer de volta para casa primeiro Clara, que ainda se encontrava no mosteiro de São Paulo, e depois Inês, de Santo Ângelo. Haviam tentado com a persuasão, depois com a violência e com o rapto. Mas as duas irmãs haviam mostrado uma determinação férrea e conseguiram resistir (frei Tomás de Celano destaca que foi assim que Clara havia obtido proteção do céu "suplicando que a força daqueles homens fosse superada pelo poder de Deus"[63]). Por fim os parentes precisaram retroceder.

Francisco esperara que as águas se acalmassem antes de voltar a visitar as irmãs em Santo Ângelo. Certa manhã cheia de luz, não muito tempo depois, encontraram-se no local singelo aproveitado para a acolhida dos visitantes. Clara recorda aquele momento como se estivesse acontecendo agora. Concentrada numa única pergunta, expressara-a em voz alta, mas mantendo o olhar abaixado: "O que queres de nós,

---

63 Id., 25; FFC, p. 1312.

Senhor? Faze que escutemos com abertura a inquietude que semeaste em nós, abre-nos o caminho".

Francisco parecia ter esperado aquele apelo aflito, compartilhado por Inês e pelas outras irmãs, e se dirigira a elas com poucas e claras palavras: "Minhas irmãs, sei que o Senhor vos preparou para uma vida a ser compartilhada juntas, seguindo os passos de Cristo pobre, privadas de garantias, ricas com vosso trabalho e com a caridade das pessoas. Sei muito bem que urge dentro de vós este chamado: viver o Evangelho na simplicidade".

Clara se havia reanimado e acrescentado com vigor: "Sim, não podemos apaziguar a nossa inquietude, não encontramos aqui em Santo Ângelo ou alhures aquela vida que procuramos. Esta já não está definida, sentimos que cabe a nós escrevê-la com a tinta da vida, também com muita labuta".

Inês, com um fio de voz, interviera: "Frei Francisco, sinto que em nós algo novo se abre caminho e agora precisamos vivê-lo e não apenas pensá-lo". Uma irmã num arrebatamento quase havia cassado a palavra de Inês, exclamando: "Precisamos dar um passo, não podemos permanecer assim aqui!" Os outros ficaram surpresos, não estavam acostumados a ouvir muitas vezes a voz daquela irmã. A sua rapidez os levara a pensar. Depois soara o sino para a oração e a discussão entre eles deu lugar às súplicas pessoais. Haviam-se separado sem acrescentar nenhuma palavra.

Francisco saíra daquela casa permanecendo em silêncio, provavelmente precisava recolher-se e deixar sedimentar bem o que acabara de acontecer: Clara já estava bem consciente de que não se tratava apenas de encontrar um lugar para as irmãs, mas de discernir uma nova forma de vida. A mesma deles e, no entanto, diferente. Qual o caminho a tomar?

Nos dias seguintes a reflexão e a oração de Francisco e das irmãs se havia intensificado, enquanto em sua mente se manifestava uma tensão evangélica abrangente, sem descontos. A vida crescia e mostrava a direção, até que Francisco tivesse finalmente clareza sobre o passo a dar: havia retornado a São Damião, a pequena igreja que havia reparado com suas mãos. Com os irmãos havia adaptado na casa um dormitório e alguns espaços para uma vida em comum. Aquela encosta rica em oliveiras, fora da cidade e, portanto, exposta também ao perigo de incursões, fizera aflorar novamente algo em sua memória; de modo que, tendo retornado para junto de Clara, lhe havia confiado: "Quando eu era ainda um jovem comerciante e estava mudando de vida, enquanto reparava aquela igrejinha, certo dia me pus a falar em francês aos passantes, gritando que justamente ali iriam morar senhoras consagradas a Deus, uma luz para muitos. Senhora Clara, agora sei" – havia concluído Francisco exultante – "que este é o momento em que aquela visão se realiza!"

Ela se iluminara, confiara, sabia que era exatamente assim. Uma pequena semente fora plantada e esperava crescer, lançando raízes profundas. Portanto, fora decidida em poucos dias a transferência: as duas irmãs haviam beijado com gratidão as monjas de Santo Ângelo de Panzo, que as haviam acolhido, defendido e protegido, e que continuavam a ajudá-las, com sua simples presença, a fazer agora esta escolha.

Clara recorda que o seu coração estava tenso entre confusão e esperança, enquanto ela e Inês deixavam aquele lugar e a pé desciam para São Damião acompanhadas pelos irmãos. Desta vez a viagem fora breve, mas diferente daquela em direção à Porciúncula: ali houvera a alegria de um início, de uma doação; agora se tratava de permanecer naquela pequena morada, onde estariam sozinhas. Deviam começar tudo do zero; não encontrariam uma vida organizada em todos os detalhes.

Naquele tempo eram muitas as experiências de mulheres que optavam por viver juntas fora das antigas regras. A vida evangélica em pobreza, o trabalho manual, o serviço aos doentes, aos leprosos e aos pobres e até mesmo formas de pregação itinerante caracterizavam este universo variegado. Havia também mosteiros com homens e mulheres vivendo juntos, mas com espaços e tempos distintos.

Esta novidade interpretava as expectativas de uma vida cristã mais intensa por parte de muitos.

E outros o registravam, como atestam as crônicas. Jacques de Vitry, o clérigo francês nomeado bispo de São João de Acre por Inocêncio III, tendo ido a Perúgia em 1216 para encontrar-se com o papa, mas chegando após a morte deste último, ocorrida a 16 de julho, escreve.

> Tendo frequentado por algum tempo a cúria, me deparei com muitas realidades contrárias ao meu espírito [...]. Por aquelas partes (de Perúgia), no entanto, encontrei um consolo:

> pois muitos, de ambos os sexos, ricos e seculares, tendo deixado tudo por Cristo, abandonavam o mundo. Chamavam-se *Frades Menores* [...]. As mulheres, porém, vivem juntas em diversas hospedarias perto das cidades, nada recebem, mas vivem do trabalho de suas mãos. Mas muito se lamentam e se perturbam, porque são honradas pelos clérigos e pelos leigos mais do que gostariam[64].

Tudo está tão vivo na memória de Clara... Desde os primeiros dias naquela sua nova casa, haviam vivido profundamente o Evangelho, embora o impacto não tenha sido fácil. E como ressoam ainda vivas, depois de anos, as palavras de Francisco: "Eis, irmãs, o lugar já preparado para vós. O Crucifixo na igreja vos acompanha com seu olhar sereno e profundo e vos manda reparar a Igreja com a vossa vida segundo o Evangelho". Ele as havia enviado em espírito ao mundo inteiro, enquanto elas optavam por permanecer fisicamente naquele pequeno recinto, e ali o Senhor em pouco tempo as havia multiplicado e as havia transformado numa referência para tantas outras experiências similares, como um formidável posto avançado de incessante oração.

Clara estava bem consciente, também até o fim agora, de que ela e as suas irmãs haviam aberto um caminho original em muitos aspectos, porque as mulheres iam ao encontro de uma verdadeira expropriação de si, rara na Igreja. Não se

---

[64] Jacques de VITRY. *Carta escrita de Gênova em outubro de 1216*; FFC, p. 1029-1030.

tratava apenas de uma escolha pauperística; elas queriam alcançar a "baixeza"[65], uma emancipação total, situar-se fora e abaixo de qualquer estrato social.

Clara recorda, com forte emoção, como havia prometido obediência a Francisco e depois fora acolhida na primitiva fraternidade[66].

Sobre o leito Clara tem um frêmito, recordando como as "Pobres damas" haviam enveredado por um caminho diferente do caminho dos frades. Se eles eram chamados a pôr-se fisicamente a caminho, às irmãs se pedia que o fizessem de maneira diferente. E Clara recorda muito bem como ela não só havia aceito, mas desejado e escolhido viver num pequeno espaço, em pobreza e alegria, dedicada à oração e à vida com as suas irmãs. No seu "pequeno ninho da pobreza"[67], que também a reclusão voluntária tornava mais forte, muitas vezes se haviam responsabilizado pela cidade na intercessão orante, conscientes de depender da sua caridade e das suas vicissitudes, pequenas e grandes, às vezes dramáticas, mas também muito cônscias de que a ajuda espiritual não é menos forte e necessária. Muitas vezes o Senhor misericordioso se havia aproximado das situações de necessidade de muitos, ouvindo sua oração de filhas e criadas; permaneciam separadas, sim, mas não isoladas, não estranhas ao mundo e à sua necessidade de Deus. Como Francisco, Clara amava o universo criado e todas as suas criaturas. As suas

---

[65] Tomás de CELANO. *Legenda de Santa Clara*, 9; FFC, p. 1304.
[66] *Regra de Santa Clara*, cap. I, 4; FFC, p. 1244.
[67] Tomás de CELANO. *Legenda de Santa Clara*, 13; FFC, p. 1307.

irmãs louvavam a Deus pelas árvores, pelas outras criaturas e pelas pessoas. Dedicavam-se ao trabalho manual e davam os frutos daquele compromisso a quem precisava fora do mosteiro. Na Regra escrita por Clara encontramos irmãs que se dedicam mais à oração e irmãs "que servem fora do mosteiro"[68]; irmãs que aprendem a cuidar umas das outras, além dos costumes de diversas experiências religiosas. Clara recorda aquele tempo e sorri, feliz por ter continuado a responder àquele chamado que a havia atraído e conquistado desde o início.

As recordações se sucedem e a remetem à sua inquietude juvenil, que nunca se aquietara, pelo contrário. O Evangelho lhe injetara nas veias uma tensão sempre crescente que se exprimia no desejo de uma pobreza real, sem descontos, de noites interrompidas pela oração, de vestes rústicas e pés descalços, de jejum contínuo. Além de tudo isso, sabe que sempre procurou amar incansavelmente as irmãs, e de não ter fechado a porta aos pobres, que em São Damião se sentem em casa. E também Francisco sempre soube que as suas companheiras não recusavam nenhuma forma de pobreza, labuta, tribulação; antes, pelo contrário, estava alegre com elas[69]. Quantas vezes as havia posto à prova! Por isso as escutava, havia examinado a fundo o que as impelia e se alegrara no Senhor com isso. Nos últimos momentos de sua vida, a alegria simples de Francisco ainda lhe está presente e a enche de consolação.

---

68 *Regra de Santa Clara*, cap. IX, 12; FFC, p. 1250.
69 *Testamento de Santa Clara*, 27-28; FFC, p. 1254.

Aquelas recordações deslizam diante de Clara de modo simultâneo, quase como um relâmpago que lhe permite rever a sua vida e agradecer humildemente por ela.

Agora é o momento de ir além.

Uma fraternidade que cresce

Depois da entrada de Clara em São Damião, Francisco quer retomar o seu caminho para além de Assis. A opção daquela jovem alimenta sua inquietude: se uma senhora nobre é capaz de pular a barreira intransponível da sua condição social, então é possível a todos viver o Evangelho sem comentários, ou seja, sem dizer "sim, mas…" A força de Clara e das suas irmãs o tornaram ainda mais determinado: elas estão tão centradas em seu chamado a permanecer com o Senhor, tão decididas a viver verdadeiramente como pobres, sem garantias, que também ele sente não poder mais ficar parado. Ele o sabe muito bem e o confidencia aos irmãos. Francisco diz: "Vamos, muitos nos esperam para ouvir a saudação de paz". Assim parte novamente e percorre caminhos antigos e novos. Talvez não se dá conta plenamente de que o pequeno grupo de irmãos começa a crescer de modo extraordinário e a difundir-se não só na Úmbria, mas "no mundo inteiro", como algumas fontes relatam com certa ênfase.

Enquanto estão a caminho, Francisco confidencia a frei Silvestre: "Vejo que a pregação simples dos irmãos é reconhecida por tantos leigos, homens e mulheres. É um dom de Deus, não nosso mérito!" E Silvestre acrescenta imediatamente: "Muitos têm sede desta palavra, a aguardam há muito tempo e já nem a esperavam mais". Permanecem a caminho de um povoado a outro e em algumas cidades até por meses.

Depois os irmãos, quando retornam a Santa Maria da Porciúncula, discutem sobre a maneira de viver melhor o Evangelho e sobre a regra simples de vida que o papa Inocêncio aprovou e que cresce com sua experiência justamente por ocasião destas reuniões, sempre mais numerosas. Relatam tantos acontecimentos pequenos e grandes: "Sabei que o bispo Villano de Gúbio nos autorizou a permanecer numa igreja abandonada, Santa Maria da Vitória; frei Francisco depois converteu justamente ali um militar, que entrou para os frades e agora se ocupa com os leprosos; uma mudança de vida que sacudiu toda a cidade".

Outros falam de sua pregação em Terni, em Foligno e em Montefalco, onde se estabeleceram numa igreja dedicada sempre a Santa Maria; em Trevi alguns irmãos recordam a pregação simples de Francisco, após a qual os irmãos se detiveram numa igrejinha fora dos muros; frei Ângelo Tancredi (um dos primeiros doze companheiros, o primeiro cavaleiro a unir-se a Francisco) relata como em Terni sempre Francisco anunciou o Evangelho com uma força tão vivaz que conquistou a cidade, a tal ponto que todos depois pediram que os frades se estabelecessem no eremitério de São Cassiano, fora do perímetro urbano.

Alguns dos irmãos não conseguem captar o seu segredo e, juntos, se perguntam: "Por que todos o procuram? O que nele atrai assim de maneira irrefreável?" Outro companheiro acrescenta: "Entretanto, ele apresenta aspectos contraditórios. Serão talvez justamente estes que nos farão entrar no segredo da sua personalidade?" Por fim, um terceiro, dando pontapés numa pedrinha, exclama: "Não é possível defini--lo, ele foge a tudo o que já sabemos, está sempre mais à frente. O único caminho é segui-lo, porque ele sabe captar o que existe em nós e sabe orientar-nos".

Diversos irmãos concordam em silêncio. Com efeito, muitos deles experimentam que Francisco é capaz de intuir o que se passa no seu coração e na sua mente, porque os conhece; nada lhe é oculto, nem mesmo um movimento dos músculos do seu rosto. Sabem muito bem que ele não os controla e muito menos os domina, mas os orienta, amando-os de todo o seu coração.

Um irmão, Francisco, que experimentará a rejeição e a incompreensão de seus próprios companheiros e, no entanto, nunca os abandonará.

Quando os frades estão reunidos em torno da igrejinha da Porciúncula nestes numerosos encontros, quem os observa vê crescer um grupo singular de homens, uns jovens e outros mais maduros, de várias categorias sociais e proveniências. São diferentes, mas quem os observa logo percebe que estão unidos por uma mesma paixão: seguir os passos de Francisco, esse homem pequeno e pouco vistoso agora, humilde na sua túnica rústica e, no entanto, encantador na luz que os seus olhos transmitem e na energia que sua simples presença suscita. Veste uma túnica humilíssima, típica dos eremitas e dos ascetas, mas também dos camponeses medievais, feita de tecido bruto com poucas costuras e que pode ser remendada com cascas de cortiça; tem também o sentimento da beleza da criação, que ele respeita e canta, vendo nela a marca da presença do Criador. É capaz de praticar um jejum rigoroso, mas também de comer uvas de madrugada para satisfazer um irmão acometido de doença, esfaimado, mas com medo de parecer guloso[70]. Franscisco ama a vida, está atento e é solícito para com os seus irmãos, com os quais quer ser submisso a todos por Cristo, e ao mesmo tempo é capaz de procurar a solidão e para lá retirar-se. Um pai duro com os vícios e, no entanto, próximo ao irmão que peca diante de seus olhos, até mesmo mil vezes, chegando a perdoá-lo de modo inesgotável[71]. É um irmão que sabe dar lições como um menestrel, mostrando a vaidade de alguns pedidos – que traem uma nostalgia de confortos terrenos, senão o apego às coisas materiais – e penetrando o cerne das intenções do outro, sem humilhá-lo.

Ama a Altíssima Pobreza, física, material, concreta, compartilhada. Uma pobreza que, junto com esta verdadeira pequenez e humildade, torna esses frades "menores": está aqui a fonte que alimenta uma comunidade inteira de irmãos e irmãs, filhos e filhas de um só Pai. Para Francisco a fraternidade está no centro da ação evangélica, tem uma importância e um alcance que vão muito além de seu século amante da guerra e ignorante da paz.

---

[70] Tomás de CELANO. *Segunda vida*, livro II, cap. CXXIII, 176; FFC, p. 302.
[71] *Carta a um ministro*, 7-10; FFC, p. 93.

Assim o grupo cresce em torno da Porciúncula, simplesmente porque Francisco mostra o Evangelho como não acontecia há muito tempo entre os cristãos. É uma explosão de novidades.

A inquietude que Francisco sente em si desde sempre teve a ver com tudo isto. Ele não pode contentar-se com o que descobre, mas é remetido sempre além, para algo mais. Está sedento e não há água que baste para dessedentá-lo, senão a busca contínua. É um forasteiro em sua pátria, um peregrino também quando se detém. No entanto, esta inquietude não o consome, mas antes o inflama, também com dor, sem dúvida, mas para chegar ao cerne. E é por isso que, numa atmosfera de regozijo e de leveza, ele vive de uma maneira radical, tão real e imediata que mostra a fé como um rio caudaloso que dá vida, e não como um peso a carregar a todo custo.

Este movimento é a tal ponto novo que seduz aqueles jovens que o seguiram e outros que procuravam viver o Evangelho de forma inédita, como tantos grupos na Igreja. Os irmãos vivem de modos muito diferentes entre si, entre periferias e cidades, entre leprosários e mosteiros, entre lugares de trabalho e eremitérios, entre mendicância para si e para as "irmãs menores".

Agora que a forma de vida de Francisco foi aprovada pelo papa e compartilhada com mulheres, ela finalmente dá voz àquela onda de inquietude que percorre a Itália central e setentrional naquele século. Já alimenta um impulso evangélico tal, uma tensão tão forte, que envolve todos os ambientes sociais: mulheres e homens, indivíduos e famílias, ricos e pobres, pessoas doutas e ignorantes, nobres, comerciantes, cavaleiros e pessoas simples do povo, clérigos e leigos. Alguns deixam tudo e se põem a caminho, outros permanecem onde estavam, mas com uma nova luz.

Com efeito, a vida pressiona de maneira tão forte que este grupo não tem nem mesmo um nome bem preciso: num primeiro momento parece que Francisco e os companheiros se fazem chamar "Penitentes de Assis" e depois "pobres menores". Mais tarde – mas não sabemos quando – assumirão o nome de "frades menores", como lemos no final de 1216 na carta de Jacques de Vitry que mencionamos acima.

Adivinhamos nesta denominação um eco evangélico: lembra não só as palavras de Jesus quando afirma que só os pequenos e simples podem compreender o Reino de Deus e entrar nele, mas também a repreensão dirigida aos apóstolos que discutiam sobre qual deles devia ser considerado o maior. O Evangelho de Lucas menciona a frase eloquente com que Jesus conclui a diatribe, frase que é um programa de vida: "Aquele que é o menor entre vós, esse é grande"[72].

---

72 Evangelho de Lucas 9,48.

Capítulo 6

Enviados ao mundo

Rumo a outras terras

Após a oração da tarde com os irmãos, Francisco senta-se tranquilo entre a choupana de palha para onde se retira e a igreja de Santa Maria dos Anjos. Vê os irmãos se deslocarem para o trabalho, para o cuidado da igrejinha, para chegar à solidão de sua própria choupana e rezar. São em número sempre maior, nem ele pode saber quantos.

Frei Bernardo se dá conta de que Francisco está imerso em seus pensamentos, como que perdido num mundo longínquo. Deixa os feixes de lenha que está transportando e pergunta se pode sentar-se ali ao lado.

"Vem, Bernardo" – exclama Franscisco, com aquele sorriso que faz as pessoas sentirem-se bem-vindas.

"Em que pensas, irmão" – pergunta sem preâmbulos o companheiro da primeira hora.

Francisco hesita em responder; precisa, por assim dizer, resumir dentro de si aquilo que ele experimenta. Mas a solicitação, com efeito, vem a propósito, porque o fato de falar sobre o assunto o ajuda a esclarecê-lo sobretudo para si próprio. Após alguns minutos intermináveis para Bernardo, Francisco se emociona e diz de modo quase impetuoso: "Até agora, irmão, eu me perguntava o que devia fazer. Mas agora existem vocês e são tantos; existe Clara com suas irmãs. O Senhor nos traçou o caminho a seguir. No entanto, sinto que não posso permanecer só aqui em Assis, a nossa cidade, nem limitar-me a esta terra, a Rieti, à Marca de Ancona. Alguma coisa me impele a ir mais longe. Nós, os irmãos menores, não podemos parar, corremos o risco de acomodar-nos. O nosso horizonte é o mundo. Esqueceremos isto se nos instalarmos aqui e em qualquer outro lugar. O Senhor nos chamou para permanecer a caminho – pois o caminho é nosso mestre – junto com todos os que encontrarmos. E os irmãos 'devem alegrar-se, quando conviverem entre pessoas insignificantes e desprezadas, entre os pobres, fracos, enfermos, leprosos e os que mendigam pela rua'[73]. Não te parece que alguns irmãos não conseguem sair deste recinto e começam a não reconhecer mais a voz do vento, que varre os amplos horizontes? Outros perambulam, mas não aprendem o caminho, procuram lugares nos quais possam deter-se tranquilos. Ouvi dizer que alguns recebem a proposta de se tornarem mordomos na casa de um nobre ou prestar serviços a uma igreja. Tenho medo que isso seja apenas o início, se não permanecermos vigilantes. Aquilo que o Senhor nos mostrou corre o risco de ofuscar-se. Desde o primeiro momento era claro para mim que somos chama-

---

[73] *Regra não bulada*, cap. IX, 2; FFC, p. 130.

dos a viajar leves e rápidos, sem moradia fixa, não vestindo senão as roupas indispensáveis. O mundo é nosso, se não nos sobrecarregarmos com pensamentos terrenos. Nada de lucros e rendas, nada de cargos, nada de propriedades pessoais ou coletivas. Assim podemos voar longe, como os passarinhos, e nada nos é vedado. O Evangelho é tudo, e em todo lugar somos aguardados. É o preço a pagar pela felicidade; e, quanto mais eu prosseguia, mais me apercebia que Deus dá uma recompensa de cem por um a quem o segue. Mas vejo que agora alguns sossegam sua inquietude com qualquer outra coisa. O Evangelho nos obriga a andar, nos envia, não nos deixa em paz".

Bernardo permanece alguns instantes com a cabeça inclinada, escuta dentro de si o eco das palavras de Francisco. É como se não conseguisse nunca captar imediatamente o sentido, porque exprimem mais do que dizem, permanecendo sempre um passo além da aparência. Finalmente acende-se uma espécie de luz dentro dele e, reunindo fragmentos diversos, exclama com entusiasmo: "Para onde queres ir, Francisco? Qual mar queres atravessar? Sabes que da França e da Germânia estão descendo muitos jovens que do Norte chegam também aqui e querem ir libertar o Sepulcro de nosso Senhor? Queres, porventura, unir-te a eles? Ou ir para a Espanha, onde os reis cristãos estão libertando dos sarracenos aquela terra?"

A voz de Bernardo se torna sonora e quase satisfeita. Francisco meneia a cabeça sorrindo: "Não, Bernardo, não procuro outras guerras. Para mim este é um capítulo encerrado. Nós só podemos ir, desarmados e dóceis, e anunciar a palavra do Evangelho, quando aprouver ao Senhor, e entrementes viver submissos a todos, sem alegar direitos".

Bernardo fica fulminado, conhece Francisco e acreditava compreendê-lo; mas agora acendeu-se nele uma nova luz e vê tudo de modo diferente: "Então, irmão, isto quer dizer que não temos outros inimigos a não ser nós mesmos, ou seja, a nossa tendência a apropriar-nos de pessoas e de coisas. Por isso nos pedes para sair, ir para longe, porque neste movimento aprendemos a tornar-nos livres de nós mesmos e abertos aos outros!"

Bernardo retorna de repente, com a memória, ao ano anterior, quando os bolonheses na praça principal da cidade o haviam recebido a pedradas e coberto de insultos por causa da sua condição. Mal havia aberto a boca viu-se que ele não era um maltrapilho e isso aumentara o sarcasmo. Ali Bernardo precisara como nunca apelar à humildade, ao despojamento de si, ao amor de Deus; aquilo havia sido mais difícil do que distribuir os seus bens.

Francisco sorri de novo, quase divertido, como se tivesse captado a recordação do amigo: "Sempre precisas explicar tudo, Bernardo. Começa dando o primeiro passo, vai além de ti mesmo, como no dia em que deste todos os teus bens aos pobres. Aquilo era só o início, agora há muito mais, é dar-te tu mesmo, dar-nos nós mesmos. Ponhamo-nos a caminho!"

Bernardo sabe que, se frei Francisco diz alguma coisa, ele já começou a fazê-la. A caminho para onde? Quais horizontes prevê o irmão que ele seguiu à custa de privar-se de tudo? Não pode sabê-lo, só pode atendê-lo.

É o ano de 1212 e Francisco com alguns companheiros põe-se novamente a caminho de Roma, pela terceira vez. Pretende informar o papa sobre os passos que sua fraternidade está dando. Quando chega à Cidade Eterna, encontra Jacoba de Settesoli, uma senhora nobre, viúva, sensível aos pobres e em particular próxima ao leprosário do Trastevere, o dos monges de São Cosimato, na margem direita do rio. Aqui os beneditinos haviam estabelecido sua sede desde o século X e assumiram o cuidado daqueles doentes e excluídos que de outro modo ninguém teria visto e considerado, que não existiriam, como por ironia da sorte não existe nem mesmo São Cosimato, ao qual é dedicada a Igreja. Quem procurasse sua imagem ou seu túmulo perderia seu tempo: trata-se, com efeito, da contração popular dos nomes dos santos Cosme e Damião, aos quais originalmente fora dedicado o mosteiro. Em 1233 o papa Gregório IX o confiará a um grupo de "menores" provenientes das "reclusas" de São Damião, as irmãs de Clara.

Jacoba, que por toda a vida de Francisco continuará sendo sua grande amiga, o leva imediatamente ao mosteiro do leprosário: ela sabe que, entre os doentes e os peregrinos machucados, ele se sente em casa. E pouco tempo depois, nos arredores do mosteiro, os irmãos do assisense instalarão seu primeiro estabelecimento em Roma. Mas se trata de uma escolha ditada pela caridade, não pelo desejo de acabar com a vida itinerante. Por isso alguns permanecerão para ajudar os necessitados, mas outros, entre os quais Francisco, põem-se novamente a caminho[74].

---

74 *Testamento de Clara*, 5; FFC, p. 1253.

Ei-lo então, com outros companheiros, indo além e empreendendo uma nova viagem. Francisco e um dos seus irmãos chegam a um porto (não sabemos se foi o de Ancona, de Bari ou de Brindisi) e embarcam num navio prestes a partir para a Síria. A embarcação se faz ao largo e enfrenta o mar aberto; isto o faz respirar um sentimento de liberdade e aquele gosto pela aventura que nunca o abandonara. Mas dura pouco: logo após sair do Adriático, um forte vento contrário toma conta do navio e o impele para a costa dálmata. Entre tantas peripécias conseguem retornar a Ancona. Estão sem dinheiro e embarcam às escondidas num outro navio; mas aqui são descobertos e quase espancados, até que chega uma tempestade que une todos no perigo. Atribuirão a Francisco o mérito de terem escapado da morte e também o de terem podido alimentar-se, porque o frade, não se sabe como, conseguiu fazer com que bastasse para todos o pouco pão que sobrou. Mas, seja como for, a viagem ficou comprometida e o navio retorna ao porto donde partira.

Francisco gostaria de retomar imediatamente a aventura para o Oriente, mas é obrigado a proceder de maneira diferente: deixado o mar, volta a peregrinar na terra, lançando como uma semente a palavra do Evangelho. Mas o mar continua a acossá-lo, confessa ele aos seus companheiros. Não é movido somente a pregar o Evangelho aos sarracenos, mas quer algo mais, que lentamente se lhe torna claro: o martírio, o testemunho supremo dado a Cristo. Se morresse como mártir, não seria mais semelhante ao Mestre?

Com este propósito, no ano seguinte, ou seja por volta de 1213, põe-se a caminho por terra em direção ao Marrocos, com a intenção de pregar ao sultão e ao seu povo o Evangelho de Cristo e ver se assim poderá obter a graça do martírio. Enquanto percorre as estradas em direção ao Norte, sente-se quase compelido por um desejo tão impetuoso que, embora tendo um físico franzino e uma saúde débil, antecipa-se com passo rápido ao seu companheiro de peregrinação. Quase voa.

Já haviam chegado à Espanha quando outro imprevisto bloqueia aquele que queria permanecer sempre a caminho: pouco depois de transpor as fronteiras da península, uma doença muito grave (alguns levantaram a hipótese de uma enfermidade gástrica, à qual se acrescentariam ataques febris, talvez o primeiro prenúncio dos problemas abdominais que o acompanharão por toda a vida) o imobiliza e frustra os seus desejos. É provavelmente então que, com alguns companheiros e muitos viandantes que encontra pelo caminho, se encaminha para Santiago de Compostela, meta predileta dos peregrinos cristãos, junto com Roma e os lugares da Terra Santa. O apóstolo Tiago, chamado Maior para distingui-lo do outro apóstolo, Tiago filho de Alfeu, era o irmão de São João, ambos filhos de Zebedeu, como afirma o Evangelho, onde Jesus os define como "filhos do trovão", talvez por causa de seu caráter impetuoso. Santiago morreu mártir em 42 d.C., mandado decapitar pelo rei Herodes Agripa. De acordo com uma tradição, seus restos mortais foram transportados clandestinamente de Jerusalém para a Espanha e descobertos nos tempos de Carlos Magno por um anacoreta, graças a uma visão milagrosa, num lugar chamado *campus stelle*, donde vem o nome de Compostela, que designa o santuário surgido para venerá-los. Provavelmente Francisco tinha simpatia por Santiago também porque o seu santuário exortava a caminhar e estava situado na borda extrema da Europa, quase nas margens do oceano, como a apontar para um "além" grande como o mundo.

Desde então, em certo sentido, este companheiro de Jesus pôs a Europa a caminho, despertando uma devoção traduzida num longo itinerário peregrinante que não conheceu baixas até os nossos dias. Como os outros grandes caminhos devocionais, completá-lo equivalia, na época medieval, a colocar a própria vida nas mãos de Deus, porque as fadigas e as emboscadas da viagem eram tais que levavam a duvidar do próprio futuro. Quem partia não sabia se conseguiria retornar; portanto, era um ato heroico, o sinal público de que o peregrino renunciava às comodidades do mundo. A travessia dos Pireneus é árdua e corre-se o risco de tempestades gélidas; o subsequente percurso ondulado que atravessa a península ibérica, muitas vezes sob um sol ardente, é extenuante, sem contar os perigos de todo tipo a que estão expostos os viandantes. Mas, seja como for, muitos o faziam para implorar graças ou para cumprir promessas, outros por uma irresistível exigência interior.

Certa manhã bem cedo, depois de pôr-se a caminho, Francisco e os seus companheiros encontram prostrado por terra um pobre peregrino exausto e doente. Movido por compaixão, Francisco diz a frei Bernardo: "Irmão, quero que permaneças aqui para servir a este enfermo", e assim o irmão o faz, confiando na palavra de Francisco. Os outros companheiros, no entanto, prosseguem em direção a Santiago.

Uma vez chegados, misturados na massa dos peregrinos, passam a noite em oração na igreja do apóstolo. É um espaço imenso, no qual sob três naves se detém uma multidão de pessoas provenientes de todos os lugares do mundo conhecido. Viandantes exaustos, imundos e, no entanto, felizes por se encontrarem finalmente ali. A catinga é notável, atenuada apenas em parte por grandes turíbulos nos quais arde o incenso. Francisco não se importa; pelo contrário, olha ao redor com entusiasmo. Naquela noite recebe de Deus a confirmação interior de que os irmãos serão muitos e dispersos pelo mundo. No caminho de volta reencontra frei Bernardo em companhia do enfermo, já perfeitamente curado.

A peregrinação a Santiago foi emocionante, mas não entrava no projeto inicial; por isso Francisco, enquanto está deitado num leito de palha numa espécie de pousada, confidencia aos seus companheiros: "Irmãos, também desta vez eu quis fazer tudo sozinho, não aprendo nunca. Existe algo dentro de mim que me impele sempre a ultrapassar as fronteiras e a estar num outro lugar diferente do previsto. Talvez me afastei demais dos irmãos, enquanto a minha casa são eles. Regressemos, eles nos esperam".

As criaturas não têm medo

O caminho de retorno a Assis não apaga a alegria de Francisco, alimentada pelo fervor da peregrinação, antes a inflama ainda mais durante o longo caminho através de campos, colinas e bosques, em contato com as criaturas que ele ama.

Entrando na Úmbria e aproximando-se do vilarejo de Bevagna, chega a um lugar onde observa muitíssimos pássaros de várias espécies reunidos entre as árvores. Parece até que marcaram um encontro. Francisco não se detém, está cheio de alegria e começa a saudá-los, deixando perplexos os companheiros: "Pensa talvez que o compreendem?" E, com efeito, parece que os pássaros estão à espera e até se voltam para ele, como que para olhá-lo. Então Francisco se põe no meio deles e começa a falar dizendo: "Ó meus irmãos alados, deveis louvar muito o vosso Criador: foi ele que vos revestiu de penas, vos deu asas para voar, vos concedeu o reino do ar puro e é ele que vos mantém livres de toda preocupação".

Os pequenos pássaros se comportam como se respondessem ao convite acolhedor e nada ameaçador daquele homem pequenino. Francisco chega até a tocá-los com a orla de sua túnica e eles não o temem; depois os abençoa e só então eles voam embora todos juntos. Os companheiros, que do caminho observavam a cena, ficam sem palavras.

Quando Francisco os alcança, se dá conta da sua surpresa e, como que rompendo a tensão, exclama alegre: "Por que será que nunca pensei em pregar aos pássaros? Vistes como estavam atentos?" E retomam o caminho.

Os companheiros se recordarão desse espetáculo insólito durante o pôr-do-sol de 3 de outubro de 1226, por ocasião da sua morte beata em Santa Maria dos Anjos, no pequeno local transformado em enfermaria atrás da igrejinha. Enquanto todos choram o trânsito de Francisco, a certa altura percebem um burburinho, como de vento, que se faz sempre mais forte. Tendo saído da pequena cela, para sua enorme surpresa avistam no céu grandes bandos de cotovias que rodopiam e voam em círculos sobre o teto da casa. Aqueles pássaros são amigos da luz e têm medo da escuridão, mas nessa tarde, embora estivesse iminente a noite, haviam acorrido como que movidos por uma alegria insólita: estavam retribuindo ao seu irmão menor o respeito e o amor que lhes havia dado, celebrando as tantas ocasiões nas quais ele os havia convidado a louvar a Deus. Mas aquele momento ainda está longe.

Agora, acompanhado do canto dos pássaros, Francisco reentra na Porciúncula e saúda os seus irmãos, entre os quais alguns recém-chegados que ele ainda não conhece. Nestes primeiros anos a porta da fraternidade está aberta, sem ritos de passagem, nem mesmo noviciado. Podem entrar também os homens casados depois de obter o consentimento das respectivas esposas. São diversos também os que saem, depois de algum tempo. O crescimento da fraternidade é impetuoso e cheio de vida, e ao mesmo tempo não é fácil, como toda realidade no seu início. Francisco o sabe.

Entre os irmãos surgiu o costume de realizar diversos encontros anuais, reunindo-se de todos os lugares; nessas ocasiões se alegram com a presença de Francisco e dão corpo a uma unidade de propósitos. Compartilham tantas coisas que lhes acontecem e com estas experiências atualizam aos poucos sua regra simples de vida, que continua sendo o Evangelho. As poucas palavras apresentadas alguns anos antes ao papa Inocêncio não bastam mais, de modo que nessas ocasiões Francisco aceita modificações, especificações, desenvolvimentos que avalia com os outros. A única condição irrenunciável é que fique claro, com uma clareza meridiana, que viver o Evangelho é possível, sem descontos, sob pena de renegar o próprio Cristo, como o Cardeal João de São Paulo salientara anteriormente diante de Inocêncio III, desconfiado daquele frade menor descalço.

Em 1215 o lugar de encontro escolhido é São Verecundo, um mosteiro imerso nos bosques no território de Gúbio, onde Francisco havia sido acolhido anteriormente, quando estava ainda sozinho e em busca de clareza sobre o próprio futuro: uma acolhida não particularmente calorosa, visto que o haviam mandado ser ajudante de cozinheiro. Mas com o tempo as coisas mudaram: agora ele retornou porque sabe que o abade e os monges lhe querem bem, hospedam com alegria os trezentos irmãos que vieram com ele e lhes oferecem não só comida, mas também conforto espiritual. O tempo produziu seus frutos.

Naquele mesmo ano em Roma, em São João do Latrão, o papa Inocêncio III convoca um concílio, o quarto celebrado naquela basílica no decurso de noventa e dois anos (daqui o nome com o qual permanece na história: Concílio Lateranense IV). Mais de quatrocentos bispos provenientes das duas Igrejas, a do Ocidente e a latina do Oriente. Um concílio tornado necessário em consequência de um período de turbulência em que a religião se submeteu à política, foram criados papas e antipapas, o povo cristão se dividiu em obediências contrapostas e a catolicidade se expôs ao risco de desaparecer. Agora a Igreja precisa recorrer a um arranjo "ecumênico" e, ao mesmo tempo, centrado na cidade onde Pedro foi o primeiro bispo, para enfrentar a mudança dos tempos após séculos sem concílios gerais.

A assembleia lateranense convoca uma nova cruzada, a quinta, e aborda as questões necessárias para uma reforma da Igreja: abrir uma porta para a humanidade encontrar novamente o Deus que oferece salvação. Este é o objetivo de Inocêncio, como de tantos outros enamorados do Evangelho, entre os quais Francisco e, naqueles anos, também o cônego Domingos de Gusmão, fundador da Ordem dos Pregadores, que o sucessor de Inocêncio III, o papa Honório III, aprovará no dia 22 de dezembro de 1216.

Mas o cânone 13 do Concílio Lateranense IV proíbe claramente a fundação de novas Ordens e impõe a obrigação de assumir as Regras da tradição sem escrever novas. Qualquer comunidade que surgir doravante deverá conformar-se com as categorias do passado, mais seguras e tranquilizadoras.

Francisco sabe que aqui está em jogo uma guinada importante, porque reconhece que sua experiência é original e realmente nova. Não é uma iniciativa sua, mas um dom de Deus. Ele tem certeza disso. Mas não quer fundar um nova ordem no sentido estrito e transformar os seus numa instituição com limites bem traçados; prefere uma estrutura mínima, mais ágil, que espelhe o que é o estilo de vida que, por sugestão divina, adotaram: leigos e clérigos podem viver juntos, a clausura é o mundo, os irmãos estão dispostos a adaptar-se onde e como for necessário, a fim de estar entre todas as pessoas, inclusive as que não pertencem ao cosmos cristão, como os muçulmanos. Este é o futuro dos irmãos de Francisco: uma comunidade itinerante, sem grandes abadias, com irmãos que anunciam na linguagem do povo a Boa Nova do Evangelho. Irmãos que servem uns aos outros, entre os quais ninguém deseja tornar-se o primeiro e situar-se acima dos outros. O próprio Francisco não ambiciona cargos e nem mesmo subir nas hierarquias eclesiásticas; com efeito, nunca receberá a ordenação sacerdotal. O biógrafo Tomás de Celano, ao narrar a noite de Natal em Greccio, em 1223, informa que Francisco "veste-se com os ornamentos de levita, porque era levita"[75], e este "grau", inferior ao sacerdócio, lhe permite ler o Evangelho na igreja e pregar. Mas nunca quis ser ordenado sacerdote, embora tivesse os requisitos. Não sente necessidade, porque clérigos e leigos procedem em pé de igualdade no caminho que Cristo lhe mostrou, com a única diferença concernente à administração dos sacramentos. Sobre isto, por outro lado, sua devoção é grande, a ponto de dizer frequentemente: "Se me acontecesse encontrar ao mesmo tempo um santo que vem do céu e um sacerdote pobrezinho, eu prestaria honra primeiramente ao presbítero e me apressaria para beijar-lhe as mãos. Eu diria: 'Oi, espera-me, São Lourenço! Pois as mãos dele tocam o Verbo da vida e possuem algo sobre-humano'"[76].

Sobre a forma que a fraternidade deve assumir não está em jogo apenas a preferência formal por um arranjo em vez de outro. Se, por um lado, é evidente que a Igreja procura organizar e tornar mais homogêneo o mundo religioso em

---

[75] Tomás de CELANO. *Primeira vida*, livro I, cap. XXX, 86; FFC, p. 190.
[76] Tomás de CELANO. *Segunda vida*, livro II, cap. CLII, 201; FFC, p. 313.

plena ebulição, por outro, Francisco sabe que no seu caso a diferença significa originalidade e é consequência de um chamado divino preciso. Os seus não são monges e é injusto obrigá-los a tornar-se monges. Para defender a realidade que nasceu em torno dele, Francisco recorre ao arrimo mais autorizado de que dispõe: a aprovação recebida anteriormente de Inocêncio III, antes que as novas disposições entrassem em vigor. Isto lhe permitirá subtrair-se à proibição de compor novas regras. Havia sido um consenso oral, mas a palavra do papa é lei.

É nas coisas naturais que a liberdade das criaturas se associa à labuta de mediar entre os irmãos, entre o ideal e a realidade. Francisco o sabe muito bem e, aliás, é essa a essência da sua antiga inquietude, de modo que não permite que diminua a tensão que o Evangelho mantém viva dentro deles.

Ele é prudente, mas não propenso a compromissos fáceis. Procura o caminho para fazer viver e crescer na liberdade o seu primeiro chamado. Está em jogo a vocação que ele vislumbrou e que se resume na resposta a um quesito que perturba muitos, na Igreja e fora dela: é possível viver o Evangelho ao pé da letra, na sua nua evidência, e responder às necessidades da instituição que dele nasce, a Igreja? E esta última é capaz de conter e deixar exprimir-se a santa e sábia loucura do Evangelho de Cristo?

Francisco sabe muito bem que esta resposta não será encontrada nos livros de teologia. Deverá estar encarnada na vida de todos e todas. Será o testemunho, não os belos discursos, que atestarão os frutos do Evangelho. Sobre esta esperança ele apostou a vida, e com ele os que o seguiram.

Um pedido feito à irmã Clara

Certo dia, enquanto pensa sobre tudo isso, sobe da Porciúncula em direção a São Damião, para falar com irmã Clara. É a beleza do Subásio, o verde brilhante das oliveiras, o canto dos pássaros que o transportam para a colina.

Francisco procura as palavras para pedir a Clara que aceite tornar-se a abadessa das suas irmãs. Sabe muito bem que ela não quer esse título altissonante, muitas vezes ambicionado por razões humanas, mas deseja continuar sendo uma irmã entre as outras, lavar os pés das que regressam da mendicância, embora um dia lhe tenha custado um pontapé no rosto por uma delas, mais descuidada e atrapalhada do que as outras! Clara quer trabalhar com suas mãos, permanecer no meio de suas irmãs e nunca acima delas. Aspira apenas a viver o Evangelho naquela pequena família, entre trabalho, oração, silêncio e fraternidade.

Mas ela precisa também acertar as contas com a realidade, na qual está inserido o ideal. A Igreja pede uma forma de vida mais organizada às irmãs, que estão aumentando em número e se tornam sempre mais um ponto de referência para outras experiências semelhantes. "Clara precisa aceitar" – conclui Francisco consigo mesmo. Ceder neste ponto protegerá a independência das irmãs de São Damião mais do que o faria uma rebelião.

Quando chega à igreja e toca a pequena campainha, a própria Clara aparece. Ela o esperava. Sentam-se no local contíguo singelo, separado por uma grade, mas os olhares são intensos. Está ali também Inês, a irmã de Clara. Ela permanece atrás, silenciosa mas presente.

Clara sabe que o irmão veio pedir-lhe mais uma vez que aceite alguma coisa nova. Tendo ouvido do que se trata, o pedido lhe parece por demais oneroso e a leva a temer pela natureza da sua comunidade. De resto, sobre o rosto macilento de Francisco ela lê a inquietude que bem conhece e compartilha. O que Francisco lhe pede, ele já o pediu a si mesmo, no fundo, e ela o sabe.

As visitas de Francisco às irmãs são raras e por isso muitas delas custam a compreendê-lo. Ele é capaz de tal ternura e, ao mesmo tempo, de distância; sabe estar próximo, cuida delas e depois desaparece por meses, às vezes até mesmo por anos. Por isso perguntam-se às vezes se Francisco não tem um pouco de medo daquela proximidade. Elas sabem muito bem que ele é muito afetivo. Certamente, orienta sempre esta sua energia para o amor a Cristo, mesmo às custas de uma grande luta. As mulheres conhecem os homens e intuem mais do que eles próprios pensam.

Francisco está preocupado em garantir o futuro daquela comunidade de mulheres, num momento muito delicado para a Igreja, especialmente após o Concílio de 1215: o Cardeal Hugolino de Óstia está se valendo das resoluções conciliares para criar uma ordem que congregue mosteiros femininos diversos sob a égide de São Damião, com uma inspiração de ascendência beneditina. Portanto, Francisco não quer abandonar a si mesmas aquelas irmãs, motiva-as para a vida seguindo os passos de Cristo pobre.

Ele inicia sem hesitações: "Clara, o Evangelho se apoderou de nós e queremos vivê-lo até a morte em pobreza e em fraternidade. Por acaso Jesus não escolheu nascer, viver e morrer pobre? Existe, então, outro caminho? Não acredito. Devemos recordar este dia a nós mesmos, aos irmãos e às irmãs. Caminhemos com eles para manter acesa esta chama. Aceita, por favor, presidir as tuas irmãs como abadessa, permanecendo entre elas e com elas, uma delas que apenas caminha à sua frente, recorda-lhes o caminho, as acompanha e sustenta. Não sou só eu que te peço, mas a Mãe Igreja. Podes fazê-lo?"

Clara permanece em silêncio, suas mãos delgadas estão recolhidas no regaço e sob o manto torturam a rústica corda que lhe cinge os quadris. Apenas uma contração imperceptível lhe atravessa o rosto delicado. Inês a observa preocupada e, ao mesmo tempo, aguardando sua resposta.

Após alguns momentos carregados de espera, Clara, com um fio de voz, responde: "Francisco, irmão e pai nosso, quando trabalho no tear para tecer os panos para as igrejas, tenho sempre os fios ligados ao ponto fixo para manter a tensão da urdidura. Eis que o Evangelho é o ponto firme que permite manter a vida em tensão, aberta, viva; o resto passa. Estarás sempre próximo de mim para não perder este ponto fixo? Com efeito, temo que observar uma regra venerável como a de Bento e assumir aquele título nos leve a perder de vista a vida pobre e humilde de Jesus, que é a razão pela qual estamos aqui".

Francisco não esperava esta objeção. Clara tinha razão: não bastava viver aquela vida à qual haviam respondido? Por que precisava organizá-la e estruturá-la?

Inês inclina-se levemente e sussurra aos ouvidos de Clara: "Irmã, não temas! Ninguém nos tirará a liberdade de viver o Evangelho, enquanto não quisermos outra coisa!"

Clara sente uma espécie de frêmito. Ela escuta. Francisco olha para ambas, sabe que entre elas existe um fio de comunicação profunda que ele não pode compreender. Vê Clara recuperar-se e dizer-lhe: "Realmente ninguém poderá arrebatar-me a pobreza de Cristo?"

Agora Francisco compreende que a resistência anterior de Clara encontrou um espaço mais amplo no qual dissolver-se. Alguma coisa se moveu dentro dela, cresceu. Talvez encontrou o seu lugar e agora ela está mais livre, sabe onde afundam as suas raízes. Não é um problema de títulos, mas de vida.

Francisco então sussurra: "Clara, o Evangelho nos permite estar acima dos outros a partir da única posição possível, a posição daquele que é inferior, como Jesus quando lavou os pés dos seus apóstolos. Não temas: tornar-se abadessa é um chamado a estar numa posição ainda mais baixa, e só o amor pode fazê-lo. É o teu caminho, o mais seguro para despojar-te de toda pretensão e servir, somente servir. Aliás, é Deus quem nos prescreve o caminho a percorrer, e nunca nos perderemos se o seguirmos fielmente. Caminhemos para onde Ele nos mandar, e justamente por isso conservaremos as características do seu chamado".

Um silêncio prolongado segue-se às palavras simples de frei Francisco. Clara olha para fora pela janelinha e vê o voo dos pássaros, ouve seu canto. Saberá manter aquela liberdade?

Com poucas palavras Francisco lhe recorda que o pequeno claustro de São Damião tem as dimensões do mundo e que a alma do ser humano pode hospedar Aquele que os céus não podem conter: a liberdade se decide dentro de nós e em seguida isso dá forma a quem somos e a como e onde vivemos. Clara não se tornará nunca uma abadessa imponente; continuará a dormir na sala comum com as outras, não terá dispensas do jejum, da oração noturna, do trabalho, mas somente daquilo que a saúde não lhe permitir. Sobretudo, não será nunca isentada de amar as suas irmãs e de cuidar delas.

Inês, com aquele seu sorriso tão belo que ilumina todo o seu rosto, parece confirmar as palavras de Francisco, porque sabe que a irmã só sabe viver desta maneira e não de outra. Clara se concentra ainda mais em si; gostaria de responder, mas sente que agora não é necessário. Está tudo decidido. E com um leve sorriso concorda com o pedido de frei Francisco.

Para o irmão, portanto, é chegada a hora de partir: saúda as irmãs, rezando brevemente com elas e finalmente se retira daquela pequena sala[77]. Sai ao ar livre e, com o companheiro

---

77 Tomás de CELANO. *Legenda de Santa Clara*, 12; FFC, p. 1306.

que o espera, reza novamente, na igreja, diante do Crucifixo que o enviara a reparar a casa da vida de tantos. Depois se encaminha para Santa Maria, descendo a encosta, enquanto observa encantado o voo dos pássaros e mais uma vez se deixa transportar por sua liberdade.

O caminho para o Oriente

Nos dias seguintes Francisco permanece mais absorto do que de costume e um pouco afastado dos irmãos. Certa tarde, após as vésperas, frei Leão se aproxima dele, senta-se ao lado e começa a contar-lhe sua jornada e diversas coisas que exigem sua atenção. Leão, com efeito, há algum tempo é seu secretário, e depois se tornará seu amigo, seu confessor.

Sacerdote culto e sábio, Leão se juntou aos irmãos alguns anos antes. Originário de Viterbo, é tão bom e manso que ganhou o apelido de "ovelhinha de Deus". A certa altura, quase à queima-roupa, Leão pergunta: "Francisco, o que tens? Quais pensamentos te preocupam? Se quiseres, estou aqui".

Renova-se o que acontecera anteriormente, quando Bernardo convidou Francisco a abrir-se com ele: quase como quem é obrigado a sair de casa quando não queria, assim Francisco ouve atentamente e, depois de alguns instantes, aprecia o cuidado de Leão por ele. E responde lentamente: "Irmão, encontrei-me com a irmã Clara e lhe pedi que aceitasse o título de abadessa. Sei que ela não queria, mas lhe pedi para dar um passo diferente, para o bem das irmãs e da nossa família. Sei que para ela não é fácil e também não o é para mim. Eu queria apenas viver o Evangelho com os irmãos, livres para andar dois a dois pelo mundo e anunciar que Deus ama o mundo e se oferece a si mesmo por ele. Podemos estar em qualquer lugar; o importante é esse anúncio a ser feito com a vida e, quando aprouver ao Senhor, com a palavra. Assim Clara quer viver simplesmente e em pobreza com as suas irmãs, rezar com o coração puro, trabalhar com as suas mãos, não ter privilégios e seguranças. Parece que tudo isso não é tão simples como nos parecia. Alguns irmãos começam a perguntar-me por que vestir-se tão pobremente quando depois é preciso pregar e celebrar a missa; a Clara as irmãs perguntam por que obstinar-se em não aceitar alguma renda, mesmo pequena, que tornaria sua oração mais serena. Mas nós queremos somente viver o Evangelho, porque acreditamos que é possível fazê-lo sem demasiados comentários e porque nos liberta. De nós mesmos, antes de mais nada. Agora que crescemos em número aumentam os problemas. Mas, olha, a senhora Clara me surpreendeu. Aceitou o meu pedido, e a liberdade de espírito que ela mostrou ao aceitar algo tão oneroso, que ela sente não ser seu, é a confirmação de que os caminhos do Senhor não coincidem com os nossos. A sua magnanimidade impulsiona o meu caminho e o vosso, meus irmãos. Dispersemo-nos pelo mundo a fim de viver o Evangelho e anunciá-lo, sem deter-nos nem instalar-nos".

Frei Leão escuta aquelas palavras observando em si mesmo a inquietude que Francisco sempre lhe comunica e, ao mesmo tempo, um grande alívio, como quem encontra resposta às suas muitas perguntas.

"E então o que devemos fazer, Francisco?" – insiste o amigo de confiança.

"Antes de mais nada, não se trata de fazer alguma coisa, Leão, mas de reparar se a fagulha que se acendeu dentro de nós no início ainda está acesa, aquece o nosso coração e é luz para o caminho. Se for assim, podemos fazer tudo".

Leão está perplexo. Por natureza, por cultura e pelo ministério está habituado à diferenciação, à prudência, à espera, mas desde que encontrou Francisco as contas não dão mais certo; pelo contrário se inverteram. Aliás, juntou-se a ele e aos seus irmãos justamente porque os viu viver assim, livres e alegres, rejeitados e pacientes, cheios de fé e de amor ao Senhor e aos leprosos.

Agora compreende o que Francisco quer dizer, mas tem nos ouvidos também as tantas objeções fora e dentro da fraternidade. É um momento delicado.

Os frades continuam a pregação itinerante. Santa Maria dos Anjos é a base à qual retornam depois de concluir cada viagem. Quer tenha sido breve ou longa a viagem, cada vez seu alforge está cheio de experiências, de expectativas e de perguntas. É a sacola dos homens inquietos.

Na alegre reunião dos frades ocorrida na Porciúncula no dia 5 de maio de 1217, que recebe o nome de Capítulo geral e que doravante terá frequência anual, o movimento olha para além da Itália, para o mundo, reconhecendo e dando corpo a uma vocação que ambiciona expandir-se além dos estreitos limites mantidos até agora.

Francisco dissera claramente: "Precisamos partir. Dirigir-nos ao Oriente, onde nasceu o Senhor. Andando encontraremos o caminho!"

É uma passagem importante. Grupos de frades partem para as missões além dos Alpes e para o além-mar: Egídio parte para Túnis, Elias para a Síria, outros para a Germânia e a Hungria, enquanto Francisco se põe a caminho pela via Francigena em direção àquela França que conhece muito bem, na qual certamente se comoveu, recordando as esperanças, as maravilhas, as expectativas que aquele mesmo caminho lhe havia reservado quando, sendo ainda criança, havia acompanhado o pai nas suas viagens comerciais.

Mas o homem propõe e Deus dispõe. Enquanto estava a caminho, Francisco é parado em Florença por alguns mensageiros, que lhe anunciam que o Cardeal Hugolino de Óstia, presente na cidade como legado papal para organizar a grande cruzada decidida pelo Concílio, quer encontrar-se com ele. Francisco fica perplexo e diz ao companheiro: "Vamos até o senhor cardeal, vejamos o que ele nos quer dizer". É o mês de maio de 1217.

Humilde e submisso à Igreja, Francisco sabe que deve permanecer vigilante para defender aquilo que o próprio Senhor lhe revelou, ou seja, viver de acordo com a forma do Evangelho e nada mais.

Chegado à presença do alto prelado no palácio no centro da cidade, encontra o cardeal atarefado e muitos representantes de diversos centros da Itália comunal reunidos por ele e empenhados em discussões animadas. O problema é pacificar aquelas comunas, um trabalho muito árduo, senão desesperado. Aposta-se em proclamar a "trégua de Deus", um ato formal que permite à Igreja interromper as contendas locais sob pena de sanções espirituais. A paz obtida por este meio, embora compulsória, permitirá preparar-se espiritualmente para a cruzada, mas também reunir as forças necessárias. Francisco permanece à parte e observa como a paz pode ser buscada para fins políticos e também santos, como libertar o Sepulcro de Cristo. Mas seu caminho é outro.

A certa altura, Hugolino nota a presença dos dois frades e manda todos saírem. Eles ficam a sós. Francisco ergue os olhos e diz: "O Senhor te dê a paz, Hugolino, meu senhor".

O cardeal hesita em responder, olha bem aquele frade com vestes esfarrapadas, do qual tanto ouvira falar. Agora o tem na sua frente e não sabe dizer se se sente decepcionado, surpreso ou se os seus sentidos e a sua mente se aguçaram para captar todas as nuanças, para tentar conhecê-lo de verdade. Sendo uma pessoa perita em coisas do mundo, reconhece que aquele homem franzino e humilde é autêntico, não finge.

"Aproxima-te, frei Francisco. Não tenhas medo. Desejo conhecer-te e falar contigo".

O tom do cardeal é pacato e resoluto ao mesmo tempo, como o de quem está habituado a observar com atenção a realidade e a decidir. Mas há nele também uma marca de respeito e Francisco o percebe. É justamente aqui que se inicia entre os dois uma relação que durará no decorrer do tempo e se tornará depois uma verdadeira colaboração: em 1227 Hugolino de Óstia será eleito papa com o nome de

Gregório IX e será ele quem irá canonizar Francisco no dia 16 de julho de 1228. Fará o mesmo com Antônio de Pádua no dia 30 de maio de 1232, e com Domingos de Gusmão no dia 13 de julho de 1234. Três gigantes da Igreja e da época, cuja mensagem atravessa os séculos.

Alguns exemplos de sua convivência nos levam a compreender como Hugolino teve muitas oportunidades de constatar pessoalmente a sinceridade de Francisco: certo dia, por exemplo, o frade se apresenta num jantar a convite de Hugolino com as mãos cheias de pão negro amanhecido, que ele esparrama sobre a mesa ricamente preparada. Francisco o pedira como esmola para a ocasião e, como se pode imaginar, os comensais sentados àquela mesa ficam embasbacados. O purpurado, ao invés, não diz nada. Privadamente, depois, embora abraçando-o ternamente, observa que Francisco lhe faltou ao respeito. Este, nem um pouco perturbado, rebate: "Pelo contrário, prestei-vos honra à medida que honrei o Senhor maior. Na verdade, o Senhor se comprazia na pobreza, e especialmente naquela que é mendicidade voluntária. E eu considero dignidade régia e insigne nobreza seguir aquele Senhor"[78].

Naquele primeiro encontro em Florença, eles ainda não se conhecem e estão um diante do outro da maneira como são: o poderoso legado papal, um diplomata refinado, e o humilde penitente de Assis. Não podia haver personalidades mais diversas. No entanto, têm em comum um espírito religioso sincero e profundo.

---

78 Tomás de CELANO. *Segunda vida*, livro II, cap. XLIII, 73; FFC, p. 257.

O primeiro está encarregado das necessidades da Igreja num momento dramático de sua história, enquanto o segundo só quer seguir o Cristo obediente e pobre. O cardeal vê no movimento nascido daquele frade uma promessa de nova energia para o corpo cansado da cristandade. Sabe que aquele grupo de homens, já muito numeroso, precisa amadurecer para algo mais estável, se quiser realmente servir à Igreja e à sua presença e missão num mundo em transformação. Quanto a Francisco, ele deseja que a sua fraternidade de menores e penitentes continue sendo um sinal vivo do Evangelho, que é regra de vida para a salvação de muitos. O legado papal está consciente também de que só Francisco tem a força carismática para obter dos seus uma mudança de ritmo e de pôr freios ao movimento.

Depois de alguns momentos em que os dois se observam, Hugolino começa a falar com tom decidido: "Frei Francisco, quero ser franco contigo: nem todos na cúria de Roma veem com bons olhos tua experiência; vós estais crescendo em número, mas tu deves controlar este desenvolvimento e, para isso, é preciso que permaneças na Itália; não tens outra escolha".

Francisco, que não esperava estas palavras, volta por um instante a ser o hábil comerciante de outros tempos e procura negociar: "Senhor, nós desejamos apenas ser cristãos que vivem o Evangelho, porque cremos que é possível. Recebemos a aprovação do senhor papa e procuramos viver assim. Será que não basta? O que mais devemos fazer?"

Hugolino tem um impulso de impaciência, que logo desparece diante da simplicidade de Francisco. E responde num tom sinceramente aflito: "Irmão, justamente a aprovação do papa vos torna mais do que um simples movimento de penitentes. Existem sacerdotes entre os teus companheiros, pregais nas praças e tendes também leigos entre vós, como nosso Inocêncio III permitiu. Muitos estão entrando para fazer parte da tua fraternidade. Há tanta generosidade entre vós, mas também confusão. Com efeito, muitos dos teus estão sozinhos e são andarilhos, outros deixam o grupo e agem independentemente. Não tenho certeza de que todos os que se unem a ti têm as mesmas intenções. Falta um tempo de provação. Agora estais vos tornando algo mais na Igreja e tu deves acompanhar o que acontece, também para dar o exemplo que se requer dos cristãos fiéis à ortodoxia. Sabes muito bem que muitas boas intenções desaguaram em revoltas, em heresias..."

Agora Francisco compreende um pouco melhor as razões do cardeal. Por isso aceita o seu conselho e, não obstante o desgosto de não poder partir, envia para a França em seu lugar frei Pacífico e permanece na península.

Dedica-se aos irmãos, os visita e os ouve; não pretende que se afastem e o deixem. Ele é seu irmão mais pequeno, o irmão menor, seu servo, que sempre se recusará a ser chamado Pai ou Mestre. É a força de sua pessoa, do seu exemplo e da sua santidade que manterá unido aquele grupo certamente variegado, tanto que até aquele momento, o ano de 1217, é ele pessoalmente quem acolhe os novos irmãos.

Após o encontro com Hugolino começa a esboçar o mínimo de estrutura para a vida dos irmãos que o Capítulo acabara de pedir. Diversos lugares – ainda não conventos

– e irmãos que moram numa determinada região formam uma realidade mais unida e capaz de colaborar: seja como for, a instituição de um organismo territorial que ao mesmo tempo os reúne e os distingue, a "província", não impede que os irmãos continuem itinerantes, mas ao mesmo tempo faz com que todos tenham um ponto de referência. Para estas realidades, Francisco escolhe irmãos como "ministros", servos, que terão a única tarefa de visitar os frades e garantir que permaneçam na "obediência", ou seja, no objetivo comum da fraternidade, sem perambular autonomamente. São tempos de experimentação. É preciso encontrar um caminho que concilie a impetuosidade do impulso que os irmãos observam – e que, na esteira de Francisco, os impele a continuar andando – com normas comuns que os protejam. Mas uma coisa são as condições e as escolhas dos frades na Itália central e outra coisa no Norte do mesmo país e da Europa. As primeiras missões fora da Itália trouxeram tantas alegrias, mas encontraram graves dificuldades e requerem atenções específicas. É preciso modular as escolhas e a própria radicalidade. Uma tarefa árdua.

Quando se encontram na Porciúncula, Francisco e os outros falam do quanto foi feito, comparam situações muito diferentes entre si e, neste intercâmbio, fazem crescer e adaptam sua regra de vida. Não faltam as divergências, que de vez em quando começam a ser fortes. Francisco as enfrenta, trazendo sempre tudo de volta ao centro: é possível viver o Evangelho como irmãos, pequenos e a serviço de todos, abertos a horizontes amplos.

O coração de Francisco está inquieto neste período de mudança, mas não só pelos motivos internos à sua fraternidade; certa tarde demora-se na igrejinha de Santa Maria. Frei Leão o espera, sente que algo preocupa o coração e a mente de seu irmão. O Pobrezinho de Assis se vira e o convida a pôr-se ao seu lado, no chão. Quanto ama o contato com a terra; isto lhe recorda que somos todos criaturas.

"Frei Leão, como sabes, em Florença prometi ao Cardeal Hugolino que permaneceria na Itália para acompanhar o crescimento dos irmãos. Eu o fiz até agora. É um grande compromisso, mas o assumi de bom grado. No entanto, não se extingue em mim o desejo de partir, de dirigir-me ao além-mar. O Senhor me revelou que dirigíssemos a todos a saudação de paz e sei que na Terra Santa, onde nasceu, viveu e morreu o Príncipe da paz, esta não existe, é ferida por todos, cristãos e muçulmanos. Quero ir até lá para pregar a paz e, se possível, encontrar o sultão do Egito para anunciar-lhe o Evangelho".

Leão fica sem palavras. Está habituado aos sonhos de Francisco, mas este vai além das suas expectativas. Está em curso a quinta cruzada, promovida pelo papa e pelos príncipes europeus, ou seja, um emaranhado inextricável de mística, economia, política e armas. Em setembro de 1218, o Cardeal Pelágio, legado pontifício, guiou o desembarque de um exército cristão no Egito. Começou um período de escaramuças com as tropas muçulmanas, com graves perdas e êxitos alternados. O papa Honório III, sucessor de Inocêncio III, pretende que o imperador Frederico II parta pessoalmente para reconquistar os lugares santos, mas este contemporiza e adia diversas vezes a partida, ao ponto de correr o risco de excomunhão. Enquanto isso, no Egito prossegue cruenta a batalha em torno da cidade de Damieta, situada no delta do Nilo e assediada pelo exército cruzado.

Pretende Francisco pôr-se no meio dos dois campos de guerra? Entretanto, ele sabe por experiência o que é um conflito. Finge não recordá-lo? Em poucos segundos Leão pensa em tudo e acaba dizendo num rompante: "Não é possível, irmão, é demais! A viagem é perigosa, é preciso esperar a primavera; não conhecemos ninguém; não temos um mandato; lá e aqui, as coisas entre os reis cristãos são difíceis como dizem em toda parte os senhores das armas. Em suma, não podes ir!"

Francisco, por sua vez, não esperava esta reação, mas replica imediatamente: "Não posso calcular tudo. Sei que é impossível, mas dentro de mim existe um forte impulso no sentido de partir, como há alguns anos parti para a Síria e depois para o Marrocos, e afinal para a França, aonde não pude ir. Agora é o momento! Deus abrirá o caminho, ele nos chama a superar os nossos limites, a levar a paz aonde parece impossível a nós, mas não a Ele, que derruba os poderosos de seus tronos e exalta os humildes".

Leão sabe que, quando seu irmão fala assim, na realidade já tomou a decisão e não há jeito de dissuadi-lo de seu propósito. Um pouco resignado e com muita preocupação conclui: "Não sei o que dizer-te; mas, se crês que Deus te pede isto, bendito sejas e prepara-te para partir. Mas aqui como faremos sem ti? A quem deixas o peso de tantos irmãos e das decisões a tomar cada dia?"

Francisco se dá conta desta necessidade: "Deixa-me pensar, o Senhor saberá inspirar-me o que lhe agrada".

Os meses seguintes veem Francisco empenhado em preparar o Capítulo de Pentecostes de 1219 e em confortar os irmãos visitando-os, como que para fortalecê-los em vista de uma ausência sua já próxima e certamente prolongada. Naquele acampamento pacífico de choupanas e de frades em torno da Porciúncula, quando o Capítulo se inicia há um entusiasmo irrefreável; são tantos os rostos novos de irmãos que vêm de toda parte e todos querem ver Francisco e ouvi-lo, nem que seja por pouco tempo. Compartilha-se tudo quanto acontece em tantas terras onde os frades estão presentes e se discute sobre novas missões, porque o impulso a partir e transpor fronteiras contagiou a todos. Muitos dos recém-chegados veem na novidade de Francisco e da sua forma de vida a possibilidade de renovar a sociedade cristã e de curar tantos males.

Naqueles dias Francisco reflete novamente sobre o colóquio nada fácil que teve com Hugolino em Florença dois anos antes e fala sobre ele com Pedro Cattani, um dos primeiros companheiros: "Olha, frei Pedro, existe mal-estar entre os irmãos, opiniões diversas; muitos estão irrequietos, pisoteiam como cavalos não domados, parece que precisam conquistar o mundo. Alguns são homens carnais, parecem querer afirmar-se a si mesmos e a nossa fraternidade como se fosse um poder mundano. Será que esperam que os reis da Inglaterra e da França são dos nossos? Eu não tenho planos de batalha, nem sequer missionária. Quero apenas seguir o Cristo pobre e humilhado, como irmão menor, sem pretensões, através da penitência e vivendo sem nada de próprio. Quando aprouver ao Senhor, os corações se abrirão à sua palavra e à conversão".

Pedro é dócil e de poucas palavras, não ama os conflitos. Seguiu o amigo de todo o coração e em humildade, e não tem nenhum pesar pela vida que escolheu para si; pelo contrário, lhe parece até um presente imerecido. Nunca se arvorou em mestre de ninguém, nunca pensou nem agiu como se o fato de ter chegado entre os primeiros o situasse numa posição mais alta. Nunca fez ostentação de sua cultura. E eventualmente dá-se conta da responsabilidade de transmitir aos recém-chegados a integridade do chamado recebido. Se Francisco é um lugar-tenente de Cristo, ele procura espelhar o Evangelho como vê o amigo vivê-lo.

Desta vez está satisfeito por Francisco tê-lo interpelado. Depois de um instante de silêncio, como que para reunir as ideias, diz: "Francisco, diversos frades, muitos agora, não conseguem mais compreender a tua intenção, e por isso existe uma espécie de agitação e desordem bem diferentes daquela inquietude, nunca aplacada, que sempre senti em ti e que nos transmitiste. Temo que resvalaremos para o caos, se não nos reencontrarmos mais em torno de algo compartilhado por todos".

Francisco rebate: "Sempre és sábio e de poucas palavras e vês bem as coisas. Mas o que faremos? Deixar-nos-emos refrear? Limitar-nos-emos a conter a enchente nos nossos diques ou alargamos o horizonte, dizendo que ainda é possível viver o Evangelho como irmãos, anunciando a todos que só Deus é bom e nos ama? Que iremos fazê-lo por toda parte?"

Pedro vê abrir-se o horizonte, como sempre quando Francisco fala: "Creio que é justamente assim, irmão. Viver o Evangelho é nossa única regra, e o caminho no-lo recorda, a missão no-lo mostra. Vamos, então. Os perigos existem, mas não são maiores do que este impulso que o Senhor imprime em nós".

Finalmente, aquela assembleia variegada decide que alguns grupos de frades irão para a Espanha e para o Marrocos. É como uma explosão de entusiasmo, na perspectiva de anunciar a todos a bela novidade que mudou a sua vida. O próprio Francisco, lembrando os seus amores da juventude, não hesita em recorrer às lendas heroicas para inflamar os corações. Ele temia que os irmãos deixassem apagar-se aquele fogo que os havia movido desde o início. E procurava continuamente acender de novo neles a chama humilde do Evangelho.

Mas afinal aquelas missões, em parte encaminhadas já desde 1217 e um pouco improvisadas, se revelarão muito complicadas, senão um malogro: na França os menores são considerados cátaros e a cúria romana precisou intervir para acalmar os ânimos; na Germânia chegam em número considerável, uns sessenta, mas nenhum deles conhece a língua do lugar a não ser a palavra *Ja*, repetida sem prudência a cada pergunta. Quando lhes perguntam se são hereges, respondem que sim e são postos imediatamente atrás das grades. No Marrocos, em janeiro de 1220, cinco frades chegam a ser martirizados por terem manifestado um zelo talvez excessivo, embora inspirado por um amor ilimitado e louco por Cristo. A missão precisava ser preparada melhor.

Francisco acompanha só alguns destes fatos, porque finalmente, acompanhado por frei Pedro Cattani, embarca em Ancona no dia 24 de junho de 1219, dia de São João Batista: a meta é São João de Acre, na Terra Santa, onde o espera Elias, enviado à Síria desde o Capítulo de 1217 e ministro da região. Francisco pensou em tudo, de modo que entrementes dois vigários seus governarão a Ordem até o seu retorno: Mateus de Narni residirá na Porciúncula, enquanto Gregório de Nápoles se deslocará continuamente de uma fraternidade a outra, visitando, ouvindo, confortando, corrigindo e protegendo os laços entre eles e a unidade entre todos.

Finalmente Francisco pode partir, e desta vez sabe com certeza que a meta o espera.

O encontro com o sultão

Chegam ao Egito após uma viagem longa e, em certos momentos, difícil: mas a alegria de Francisco está nas alturas, porque realiza um desejo cultivado há muito tempo. Antes de atracar na Síria, quando a terra firme se esboçava no horizonte, Francisco chamou Pedro com voz emocionada: "Vem, irmão! Olha, estamos chegando finalmente. O Senhor nos protegeu na travessia para que eu pudesse realizar o meu desejo de anunciar a paz também aqui. Desta vez o mar me levou até a meta!" Pedro regozijou-se com ele; sentia que o desejo de Francisco fazia parte do desejo maior da cristandade que, como num sopro místico, pensava em libertar a Cristo, humilhado pela perda do Sepulcro por parte dos cristãos. Sabia, no entanto, que o desejo de Francisco era diferente, privado de vontade de conquista e de eliminar o outro, mesmo que fosse infiel. Por isso, refletia o frade, estava destinado à derrota, porque a loucura do Evangelho não vence os poderes deste mundo.

Quando finalmente, no mês de julho, descem do navio e tocam as margens da Síria, são acolhidos por frei Elias com alguns outros companheiros. Francisco adquire familiaridade com aquela terra, pisa-a com devoção. No final de julho ou início de agosto chega a Damieta, no Egito, assediada pelos cruzados. Durante a nova travessia, frei Pedro fala com Francisco também das dificuldades que os aguardam, como havia ouvido muitos falarem no navio, desde o calor até o clima envenenado no campo cristão: discute-se acaloradamente sobre quem deve ser o comandante supremo, e o tempo transcorre inutilmente entre tratativas diplomáticas extenuantes e escaramuças inconclusivas com os sarracenos. A situação que não deslancha e a previsão de um embate que será sangrento e incerto quanto ao êxito final convenceram alguns cristãos a abandonar com antecedência o campo do delta do Nilo.

Francisco está prestes a encontrar a realidade, exatamente como Pedro a havia apresentado. Depois de tantos anos, revê um campo de batalha e sente os seus odores, principalmente o do medo da morte. Vê as condições precárias dos soldados, muitos dos quais morrem em consequência do calor sufocante e dos contágios mais diversos. Vê as desavenças entre os comandantes e o caos político e militar, que tornam mais urgente uma palavra de paz, por mais ingênua que possa parecer. Aquela que já há muito tempo era uma guerra "santa" para libertar o Sepulcro de Cristo tornou-se também um jogo de poder, movido por outros interesses, sobretudo comerciais e econômicos.

Durante semanas Francisco e Pedro permanecem no campo cristão e respiram este ar. Estão ali sem desavenças de palavras nem litígios, sem julgar ninguém[79].

Num contexto tão problemático, Francisco ousa o impossível, como sempre, contra toda prudência e evidência: quer encontrar-se com o sultão. Diz aos cristãos que sonhou com sua derrota em campo e pede-lhes que não ataquem. Não pretende influir na política e ganhar consensos e glória, mas quer apenas viver o Evangelho naquela situação e anunciá-lo a todos, inclusive aos cristãos.

Mas a exasperação daqueles soldados já cresce desenfreada. O assédio de Damieta não produz frutos e, após a enésima tentativa frustrada de conquistar seus muros, ocorrida a 24 de agosto, os comandantes cruzados precisam enfrentar um verdadeiro motim da tropa, conduzido por cavaleiros e expoentes do clero. Os soldados pretendem um confronto em campo aberto com os infiéis. Embora a situação seja desfavorável, e contrária a qualquer critério de tática militar, decide-se por um assalto num movimento de pinça na localidade vizinha de Fariskur, onde o sultão al-
-Kamil estabeleceu o acampamento. No dia 29 de agosto de

---

[79] *Regra bulada*, cap. III, 11; FFC, p. 122.

1219 o exército cruzado parte para a batalha. O inimigo será atacado por terra, com dez mil homens, e através do Nilo, com uma frota que deveria interceptar a retirada. Se tudo corresse bem, àquela altura os cruzados teriam campo livre para concentrar-se na conquista da cidade.

Mas as coisas não andam bem. Sobretudo a frota está atrasada, e isto não só faz a operação perder coesão, mas expõe a graves dificuldades os soldados que avançam no deserto, já que para andar mais depressa os víveres e a água haviam sido confiados aos navios. Depois, quando finalmente chegam ao destino, descobrem que os sarracenos abandonaram o acampamento. Suspeita-se de uma armadilha, mas não se pode fazer outra coisa senão esperar que os exploradores tragam as informações necessárias. Mas a espera abala a coesão dos cruzados a tal ponto que, quando os sarracenos finalmente atacam, seu exército é facilmente desbaratado. As perdas são enormes e o humor despenca. Os cristãos retornam derrotados e debilitados. A previsão de Francisco se revelou exata.

Francisco conhece a guerra e não acredita mais nela. Não quer ficar de um lado contra o outro. Ele não fixa uma linha de batalha, um limite: de preferência o ultrapassa.

Os dois frades obtêm finalmente a permissão de atravessar aquela terra de ninguém que separa os dois campos. No campo adversário, o avanço de dois homens tão modestos, e sobretudo desarmados, impressiona e inquieta. Talvez justamente esta sua condição os salva da morte, chegando a ser levados à presença do sultão al-Malik al-Kamil, que significa "o rei perfeito". Este havia sido empossado pelo pai, Safedino, como vice-rei do Egito. Depois, com a morte do sultão, em 1218, o substituiu, mas está em tensão constante, porque outros membros da família conspiram contra ele.

Francisco permanece com ele talvez alguns dias e nenhum fio de cabelo lhe é tocado. O seu diálogo permanece em segredo. Talvez Francisco estivesse pronto também para o martírio a fim de dar testemunho de Cristo, que morreu na cruz para abrir à humanidade o caminho da salvação. Sem dúvida o frade ultrapassa a barreira constituída pela radical diferença religiosa e linguística, como também a da instrumentalização política da religião para fins de conquista e de domínio. Certamente anuncia o Evangelho ao sultão, com todos os argumentos, mas disposto e aberto ao encontro com um pensamento e uma cultura religiosa diferentes; al-Malik deve ter parecido a ele um homem sensível, tanto que entre eles acontece algo que abre um caminho novo, embora não convertendo nenhum dos dois. No "rei perfeito" impõe-se uma admiração, uma inquietude, um vislumbre talvez da luz do Evangelho, sem poder ultrapassar aquele limite. O exemplo de pobreza de Francisco e a hospitalidade do sultão e dos seus homens contribui para o encontro sem rusgas entre o "Sultão soberbo"[80], que se revela propenso à escuta e ao respeito, e o "monge" cristão, desconhecido e despreparado, e no entanto ardente na sua proposta. Aquele

---

[80] Parafraseamos a célebre definição de Dante no canto XI do *Paraíso*: "E poi che, per la sete del martiro, / ne la presenza del Soldan superba / predicò Cristo e li altri che 'l seguiro" (v. 100-102). (Trad.: "Em breve a sede do martírio o tenta, / e do Soldão soberbo na presença / Cristo anuncia e a lei que o representa".)

confronto pacífico foi uma novidade absoluta para o mundo cristão ocidental e sinalizou um momento histórico.

Seja o que for que soubesse sobre o Islamismo, Francisco parece impressionado e tocado interiormente por aquele encontro; aprendeu muito daquele mundo diferente, inimigo e no entanto rico de possibilidades. Com efeito, depois daquele momento permanece em Francisco um sinal que ele transmite aos frades que virão depois dele: viver sempre em ambientes muçulmanos como parte de seu carisma. Com efeito, Francisco mandará os seus frades viverem entre os "infiéis", mostrando-lhes o caminho da docilidade e do permanecer submissos a toda criatura por amor a Deus, confessando ser cristãos[81]. Para ele foi, diferentemente da cruzada, uma expedição para evocar a chegada do Messias e libertar sobretudo o coração dos cristãos da violência e do espírito de conquista e abri-lo para a paz e a reconciliação. Dez anos mais tarde o sultão firmará um acordo com Frederico II para os espaços de Jerusalém. Os cristãos poderão acessá-los em paz, sem ulteriores derramamentos de sangue. E, também no turbulento contexto atual, são os franciscanos que tutelam a custódia dos lugares santos, de modo que a sombra de Francisco continua ali presente, vigilante e afetuosa.

Francisco retorna à Itália com as imagens da guerra nos olhos e seu sabor amargo na alma; traz as consequências até em seu corpo, marcado indelevelmente por este tempo transcorrido no Oriente. A vista estará comprometida e sua frágil saúde ainda mais debilitada.

---

81 *Regra não bulada*, cap. XVI, 6-10; FFC, p. 133.

Capítulo 7

Uma Ordem em crescimento

A "grande crise"

A prolongada ausência de Francisco da Itália se faz sentir. Enquanto ainda estava no Oriente, um frade leigo, chegado expressamente da Itália, informa-o de que há um alvoroço entre os seus: os vigários que ele próprio havia encarregado de governar em sua ausência, ou seja frei Gregório de Nápoles e frei Mateus de Narni, haviam imposto aos irmãos novos dias de rigoroso jejum, como que para conformar-se com práticas ascéticas monásticas, estranhas à sua forma de vida. Francisco não pode concordar com aquelas inovações; se atém muito à liberdade e ao respeito do mandato evangélico originário, do qual sempre se considerou divulgador e nunca senhor. Tudo é tão simples, que necessidade há de acrescentar outra coisa? A *Crônica* de Jordão de Jano, um interessante documento que narra a história das origens do movimento franciscano na Germânia, relata a propósito um divertido episódio, uma conversa entre Francisco e Pedro Cattani.

Francisco pergunta a frei Pedro: "Senhor Pedro, que faremos?" Responde sabiamente Pedro Cattani: "Ah, senhor Francisco, o que vos aprouver, porque vós tendes a autoridade". Francisco conclui: "Comamos, portanto, segundo o Evangelho, o que se coloca à mesa para nós"[82].

A inquietude evangélica devia ajudar os frades a reconhecer todos os aspectos da existência, desde os mais espirituais até os costumeiros, como viver em relação com a vida cotidiana, inclusive com os alimentos. E, com efeito, na *Regra não bulada* Francisco escreverá: "E quem come não despreze quem não come; e quem não come não julgue quem come"[83]. Certamente o Pobrezinho de Assis não é um comilão e jejuava austeramente, como já foi dito; mas nesta matéria não impunha aos irmãos nada além do que é determinado pela Igreja a todos os cristãos. Para ele, no centro se encontra reconhecer em si a santa operação do Espírito do Senhor, que nos orienta nas diversas escolhas da vida cotidiana e, portanto, segui-la dia após dia, com humildade e paciência. De que outra bússola se tem necessidade, se se tem firme esta consciência? Pouco contam latitudes, climas, línguas, situações e hábitos diferentes dos povos mais diversos, quando se vai entre eles para encarnar o Evangelho.

Mas evidentemente, enquanto ele estava em viagem, alguns perderam a cabeça ou, pelo menos, seguiram rotas diversas: frei Filipe Longo, por própria iniciativa, havia pedido à sé apostólica documentos de proteção para as Pobres Damas

---

82 *Crônica de Frei Jordão de Jano*, 12; FFC, p. 920-921.
83 *Regra não bulada*, cap. IX, 10; FFC, p. 130.

de São Damião, ao passo que Francisco havia proibido recorrer diretamente a Roma a fim de obter privilégios. E frei João, chamado "de Capella", encarregado do cuidado dos leprosos, queria a todo custo organizá-los numa ordem religiosa, pedindo também neste caso a aprovação da sé apostólica.

Francisco se dá conta de que não está em questão tanto a obediência, quanto a compreensão do que une os frades a ponto de levá-los a proceder todos juntos, em uníssono. Mas esta consonância se perdeu, ou nunca existiu? Por um lado, os frades parecem muito incertos sobre o significado da sua vocação: é uma obra caritativa, talvez mais pastoral, ou deveriam orientar-se para um regime mais monástico? Muitos que haviam entrado sem uma preparação, passado o entusiasmo inicial, se encontram desnorteados e andarilhos, prontos a passar para outras formas de vida religiosa. Os que haviam participado da primeira missão na Germânia e na Hungria, que dera errado por ter sido improvisada, estão amargurados e decepcionados.

Por outro lado, existem os frades que simplesmente não compreendem mais a tensão evangélica que anima as escolhas de Francisco, o qual, antes de qualquer "obra", quer apenas seguir o Cristo "nu" e, por isso, escolhe de modo total, excessivo e exemplar, a pobreza, sobretudo permanecendo com os últimos e servindo-os. Tudo isso eles não conseguem mais compreender; acreditam que a renúncia a toda propriedade e a vida itinerante sem garantias os colocam numa situação de desvantagem numa Igreja que precisa de pessoas bem preparadas e inseridas nela, dotadas também de instrumentos materiais e jurídicos para operar.

A crise se revela ainda mais profunda quando Francisco intui que até então o seu movimento esteve ligado a ele, quase identificado com sua pessoa, ao passo que agora já diversos irmãos, talvez muitos, se consideram em tão grande número que não têm mais necessidade dele. Podem empreender o seu caminho e percorrê-lo dentro de uma comunidade, agora transformada em Ordem religiosa, que procura seu lugar bem definido na Igreja: os irmãos que vêm do Norte da Europa e das suas trajetórias sociais e culturais, muitos dos quais são nobres, clérigos e cultos, têm com a visão e as intenções de Francisco um contato diferente do contato dos companheiros e dos irmãos da Itália central. São menos impulsivos, introduzem novos costumes e usos. Diversos irmãos começam a viver a presença e o aguilhão de Francisco como um peso, alguns até o consideram um obstáculo, respeitável certamente, mas agora alheio a um tempo que parece exigir outra coisa. Em suma, um exemplo, mas não mais uma referência.

Aliás, nem mesmo o próprio Francisco, anteriormente, tinha clareza sobre as consequências do que fazia. Quando o papa Inocêncio III havia aprovado a primeira forma de vida, iniciara-se um percurso diferente para aquele grupo simples de irmãos, que fora inserido agora num contexto eclesiástico. Talvez o próprio Francisco não se dera conta totalmente. Sabia com certeza que se tratava de salvaguardar a sua fraternidade. Se até então sua simples presença conseguia apaziguar as tensões e os problemas existentes, a sua ausência os fizera aflorar e ele já não conseguia moderar e governar tudo.

Embora compreenda donde vêm os maus humores e abalos internos, Francisco não está decepcionado e reage à sua maneira, como sempre fez: abstém-se de julgar e interpela em primeiro lugar a sua inquietude, companheira habitual de viagem. Começa a perguntar-se angustiado qual é seu lugar naquela comunidade que muda e que já olha para outros lugares. De sua parte, confia a comunidade à Igreja e isto basta; mas, seja qual for o caminho pelo qual a sua criatura está destinada a enveredar, uma pergunta retorna sempre: afinal é possível para os cristãos viver segundo o Evangelho na sua verdade nua e sobretudo no seu paradoxo? Francisco recebeu este chamado, esta revelação, do próprio Senhor e por isso não transige. Mas se pergunta também com qual liberdade e dedicação isto é possível na Igreja em geral e na fraternidade em particular, naquele tempo difícil que está atravessando. Por isso faz gestos que dizem claramente o que lhe importa. Em certo sentido ele vai além do limite da mansidão a fim de deixar uma pegada que não poderá ser cancelada.

No caminho para Bolonha, ouve dizer que ali foi construída uma nova "casa dos frades", onde o esperam. Ele muda de direção e não entra na cidade, mandando dizer aos irmãos que saiam imediatamente daquela casa, todos, inclusive os doentes. Os frades não devem ter e não terão "casas". Só depois de ficar claro que a propriedade da moradia não é deles consentirá que para lá retornem[84].

---

84 Tomás de CELANO. *Segunda vida*, livro II, cap. XXVIII, 58; FFC, p. 250s.

Um gesto deste tipo sacode e faz pensar, remete ao essencial: seguir os passos do Cristo pobre. Mas outros pensam: "De acordo! Ele quer que vivamos em choupanas construídas de barro e paus; mas é verdade também que em certas regiões, como os países frios do Norte da Europa, as casas de madeira valem e custam mais do que as de pedra. E então, como se deve fazer?" Era o pensamento de não poucos irmãos[85].

E ao noviço que pede para ter um saltério, ou seja uma coletânea de salmos, e que lhe disse: "Seria para mim uma grande consolação", Francisco rebate que as consolações são procuradas não lendo os feitos e as boas ações de outros, mas fazendo seus próprios feitos e boas ações. E com gesto jogralesco começa a declamar-lhe as gestas de "Carlos imperador, Rolando e Olivier": quem como estes quis realizar grandes feitos, lhe diz Francisco, partiu e eventualmente tombou na batalha. Agora existem alguns que querem fazer-se louvar, contando aquelas gestas da quais não participaram. Para não ser contado entre estes, Francisco o exorta a tornar-se memorável por uma vida santa, que não precisa de "ciência" e de posses, mas de "caridade".

Mas o irmão insiste e, num outro dia, enquanto Francisco está sentado junto ao fogo para aquecer-se, acena mais uma vez ao saltério. Responde-lhe Francisco: "Depois que tiveres o saltério, desejarás e quererás ter o breviário; depois que tiveres o breviário, sentar-te-ás na cátedra, como grande prelado, dizendo a teu irmão: 'traze-me o breviário!'" Uma

---

[85] *Compilação de Assis*, 106; FFC, p. 683.

resposta exagerada? Certamente memorável, que estabelece o essencial. Será igualmente resoluto com quem é atormentado interiormente e se sente constrangido enquanto deseja ter livros. Porque "todo aquele que quer ser frade menor não deve ter senão as túnicas, como a Regra lhe concede, o cordão e os calções e, os que são premidos por manifesta necessidade ou enfermidade, os calçados"[86].

Neste ano de 1220, Francisco sabe que a meta de sua viagem de retorno à Itália só pode ser Roma. Precisa falar com o papa sobre o que está acontecendo. Encontra-se com Honório III para um confronto; pede-lhe um cardeal como protetor da Ordem, que o siga e o aconselhe, e é nomeado justamente Hugolino, que conhecia tanto e tão profundamente Francisco e os irmãos. Honório III, antigo Cardeal Cencio Savelli (papa de 1216 a 1227), havia sido preceptor do rapazinho que se tornaria o imperador Frederico II da Suábia. É de origem romana e de índole dócil, o que não o impediu de lançar a quinta cruzada em 1217. Ao mesmo tempo, se fez promotor de uma sincera reforma espiritual. Estima e apoia Francisco, o ouve e o atende na anulação de alguns privilégios que os dois vigários de Assis se haviam arrogado. No dia 22 de setembro de 1220 promulga de Viterbo a Bula *Cum secundum*, com a qual atua sobre as estruturas da fraternidade, tornando obrigatório, entre outras coisas, um ano de prova, o noviciado. Por um lado, este sinal fala de uma instituição que se consolida, mas que, por outro, indica talvez um movimento que perde a inspiração

---

86 Ibid., 104-105; FFC, p. 681.

originária e é obrigado a estabelecer barreiras ao voo da liberdade. Mais uma vez, para Francisco, a inquietação prevalece sobre a clareza, as garantias humanas não afloram na vontade de Cristo. Talvez esteja amadurecendo aqui a ideia de deixar a direção da fraternidade, e talvez seja também por este motivo que ele não se preocupa em retornar rapidamente a Assis para destituir os dois vigários, mas prefere "redimensioná-los".

Fato é que, justamente uma semana após este pronunciamento papal, durante o Capítulo do outono de 1220, quando os frades esperam dele palavras e gestos de estímulo e de revigoramento após sua ausência prolongada, Francisco realiza um gesto que ninguém esperava, especialmente os seus. A presença de Hugolino, primeiro cardeal "protetor" nomeado por Roma e acolhido por Francisco para acompanhar a Ordem, torna mais forte aquele momento:

> Para observar a virtude da santa humildade, poucos anos depois de sua conversão, renunciou ao cargo de superior num capítulo celebrado na Porciúncula, diante de todos os irmãos reunidos, dizendo: "Doravante estou morto para vós; mas eis aqui frei Pedro Cattani, a quem eu e vós todos obedeceremos". E, prostrando-se por terra diante dele, prometeu-lhe obediência e respeito.
> Por isso, todos os frades choravam e a grande dor arrancava-lhes altos gemidos, quando viram que se tornavam órfãos de tão grande

pai. [...] Desde então, permaneceu submisso até a morte; teve sempre como guardião um dos companheiros e lhe obedecia em lugar do ministro geral[87].

Esse gesto, mais do que qualquer pronunciamento eclesiástico, traça um antes e um depois para o movimento nascido de Francisco e que agora está se tornando sempre mais uma Ordem. Francisco deixa sua criatura andar, para que percorra o seu caminho, e por isso confia seu futuro à sé apostólica. Aquele não é mais o seu tempo, quando bastavam "poucas e simples palavras" para fixar uma vida comunitária. Ele o sabe e por isso deixa a direção da Ordem. Naqueles dias do outono de 1220 nomeou Pedro Cattani, que estivera com ele desde 1208, para a direção da instituição, com a qual não se ocupa mais do ponto de vista prático. Por outro lado, permanece como ponto de referência e autoridade moral incontestável, continuando a fazer sentir o peso da sua presença e a orientar o futuro da Ordem. Não é por nada que escreve sua Regra.

Mas, pelo que lhe cabe, confiou a Ordem nas mãos de Deus. Não se opõe às mudanças. Agora, quando um frade lhe pergunta por que não faz ouvir sua voz, responde, de modo evasivo, que sua saúde está debilitada. Explica-lhe: "No tempo em que renunciei e deixei o ofício dos irmãos eu me desculpei diante dos irmãos no Capítulo geral que por causa de minha enfermidade eu não podia ter o cuidado

---

[87] *Espelho da perfeição (maior)*, parte III, cap. 39; FFC, p. 750; Tomás de CELANO. *Segunda vida*, livro II, cap. CIV, 143; FFC, p. 287.

e preocupação com eles". Não acrescenta, mas sabe muito bem, que agora muitos não estão mais de acordo com ele e que não se sente mais em condições de administrar a situação[88].

Francisco atravessa esta "grande crise" consciente de que agora o que pode fazer é sobretudo oferecer a sua simples presença, para recordar a todos quem é um frade menor. Uma vocação que coincide com uma pessoa. Sabe muito bem que, para tornar visível este chamado, a linguagem mais forte é a dos sinais e dos gestos, que justamente neste tempo ele multiplica. Como quando se apresenta à mesa dos frades, preparada suntuosamente para uma festa, disfarçado de mendigo que pede esmola, sem repreender ninguém[89]. Ele quer ser o espelho da vocação deles, mas não suporta ser tratado como um santo vivo e lembra que pode ter ainda filhos e filhas e que não se deve elogiar ninguém antes de seu fim[90].

Enquanto isso as Pobres Damas aceitam viver com a Regra beneditina, embora mantendo com fidelidade obstinada e humilde a sua inspiração e o seu modo de viver como irmãs e em pobreza. O confronto com o Cardeal Hugolino será também tenso, mas sempre destinado a procurar o seu caminho. Os costumes quase familiares dos inícios entre os seguidores de Francisco e as seguidoras de Clara cedem lugar a formas mais institucionais, e de resto muitos frades começam a sentir a vizinhança e a assistência às irmãs como

---

88 *Compilação de Assis*, 106; FFC, p. 682.
89 Tomás de CELANO. *Segunda vida*, livro II, cap. XXVIII, 61; FFC, p. 251s.
90 Ibid., cap. XCVI, 133; FFC, p. 283.

um possível peso que pode desacelerar a sua missão. Francisco dialoga com Hugolino, que respeita a originalidade de Clara e das suas irmãs em São Damião e em alguns outros mosteiros. E manterá até o fim o contato afetuoso com as Pobres Damas. Na hora certa Clara pensará, sob o papa Inocêncio IV (1243-1254), em reafirmar a continuidade da sua "forma de vida" com a inspiração franciscana, pouco antes de sua morte, ocorrida a 11 de agosto de 1253.

Em Fonte Colombo: o Evangelho, Regra de vida

A inquietude de Francisco, hóspede permanente, recrudesceu e lhe provoca uma tensão profunda. Talvez, de vez em quando, experimente também o desconforto e certamente a solidão. Aprende assim gradualmente a confiar no seu Senhor e a prosseguir justamente deste modo no caminho estreito do Evangelho, que agora assumiu um rumo novo. Mas ele sabe que neste caminho há uma ferida, uma distância, quase uma contradição insanável: viver o absoluto no provisório, abraçar o todo aprendendo a manter unidos fragmentos diversos, conjugar utopia e regras. Esta é a arte mais difícil, para Francisco e para quem queira submeter-se à prova de ser cristão.

Eis o que pensa frei Francisco nos dias que precedem o Capítulo de Pentecostes de 1221, no qual todos os frades deverão rever e aprovar a síntese daquele percurso complicado e adotar uma regra de vida mais completa. Francisco viu este texto crescer ano após ano, graças a uma escrita quase coletiva da sua *fraternitas* nos Capítulos anuais. Também ele contribuiu para redigi-lo, porque compreendeu que é necessário dar à sua fraternidade um trajeto mais estável.

Francisco aprecia muito aquele pergaminho entregue anteriormente a Inocêncio III, com poucas frases do Evangelho e algumas linhas simples de vida. Daquele momento em diante a sua fraternidade cresceu e em todo Capítulo na Porciúncula o texto foi revisto, atualizado, adaptado. Por muito tempo havia esperado no fundo do seu coração não precisar redigir uma regra, mas que aquele texto breve e quase aberto bastasse. No entanto, em 1215 os pronunciamentos do Concílio Lateranense o tornaram impossível.

Francisco recorda muitas passagens e decretos, necessários para fixar um texto, e neles se perde; parecem-lhe complicados tanto o percurso em si quanto as muitas palavras que os outros gastaram para delimitá-lo e que ele próprio agora precisa bebericar para defini-lo. Ele queria apenas viver segundo a simplicidade do Evangelho, mas as coisas ficaram mais complexas. É um momento importante para a nova Ordem; Pedro Cattani morreu em março de 1221, menos de um ano depois de Francisco tê-lo posto no comando da fraternidade. E agora existe o novo vigário, frei Elias, retornado da Síria. O Cardeal Hugolino parece ter-se demorado na Lombardia devido a negócios delicados. A presença do cardeal Raniero Capocci parece garantir que o Capítulo seguirá as diretrizes do Concílio Lateranense para todos os Capítulos de qualquer Ordem. A institucionalização cresce lentamente e toma forma.

O Capítulo se inicia com uma pregação inspirada de Francisco, o qual, no entanto, por todo o resto do tempo permanece silencioso aos pés de Elias, que preside a reunião. Francisco o puxa pela túnica para indicar quando retransmitir as suas palavras. Nunca renuncia à sua atitude "jogralesca", como que para mostrar que ele está presente, ainda que se cale. Neste encontro de pelo menos três mil frades, ele subdivide a missão para a Germânia, desta vez bem organizada pelo próprio Elias. Os muitos frades reunidos trazem as suas experiências e propostas, de modo que o esboço da Regra, preparada por Francisco e por Cesário de Espira, sutil conhecedor da Escritura, amadurece num texto de vinte e quatro capítulos, rico de citações bíblicas e de uma visão evangélica genuína, texto que é conhecido com o nome de *Regra não bulada* (embora não corresponda em todos os detalhes à versão inicial). É um texto aberto, porque dá um grande fôlego à vocação dos frades menores e não quer demorar-se em detalhes jurídicos; ao mesmo tempo é firme nos pontos essenciais.

Talvez por isso o documento, mais uma vez, é aprovado apenas oralmente pela sé apostólica, de modo provisório. Certamente o papa não quis comprometer-se. Francisco considera definitivo aquele texto, como diz o capítulo 24 do mesmo. No entanto, sabe desde o início que aqueles capítulos não satisfazem a todos, porque cada um encontra neles ou demais ou muito pouco. Constata que diversos frades esperam uma Regra mais clara e incisiva em impor o rigor das origens, e outros no fundo pensam que ele poderia escrever esta Regra para si, e deixar os frades livres para encontrarem o seu caminho. Francisco sente sobre si a expectativa e às vezes a exigência dos primeiros, e a fria lâmina de resistência e de rejeição dos segundos.

Francisco sabe, e como ele também os seus colaboradores mais próximos, que aquele texto precisa ser elaborado e repensado novamente, para que consiga manter unidas almas diversas. Aceita dar um passo atrás e pôr novamente as mãos num texto que havia desejado como definitivo. Isto lhe custa, mas aqui se vê do que é capaz aquele homem simples. Está pronto a entrar em discussão, embora bem convencido do que lhe interessa. A Regra não é propriedade sua, e muito menos os irmãos. Se dependesse dele, provavelmente deixaria a Regra em aberto, porque a vida é sempre maior do que as palavras e as normas. Gostaria que as coisas continuassem como haviam sido até então: é a vida que dá corpo ao Evangelho e por sua vez assume a forma do Evangelho. Aos irmãos cabe escolher em cada situação o caminho mais adequado para mantê-los juntos. Esta é a sua inquietude, a tensão constante que o anima. Talvez só sua, agora.

Mas Francisco sabe muito bem que não é possível manter em aberto o texto de uma Regra. Continuam as oposições, as visões diversas, o desejo de ter estatutos comuns mais claros, mais enxutos. O que foi feito até agora a propósito não resolveu a tensão, eventualmente a evidenciou: como manter unidos os que querem viver a utopia das origens, quando havia poucos irmãos, estranhos à sociedade, rejeitados e alternativos a ela, e os que se reconhecem hoje membros de uma grande Ordem em crescimento, acolhidos muitas vezes com devoção e satisfação, solicitados pelos muitos desafios da sociedade e da Igreja, plenamente cidadãos de seu tempo? Como harmonizar a visão, a utopia evangélica de tipo escatológico, a narrativa de uma vida radical dedicada toda unicamente a tornar Cristo presente, com uma existência dotada de uma teologia clara, regulada na disciplina religiosa, estratégica na missão, voltada a realizar no tempo, através da Igreja, o Reino de Deus? A tensão evangélica que inspira os primeiros num espaço de grande liberdade e espontaneidade é entendida pelos segundos como um percurso de perfeição moral e de ascensão constante. Ambos os grupos desejam e querem para todos a salvação, ou seja, a vida plena do Evangelho, mas partem de pontos diversos e seguem percursos divergentes, senão incompatíveis. Ou talvez esta tensão esteja no próprio núcleo da mensagem franciscana.

E, com efeito, se não enfrentada e resolvida, torna-se um drama que se arrasta até hoje. Por isto nos dois anos seguintes o Pobrezinho de Assis trabalha, apoiado por alguns irmãos teólogos e juristas, para dar uma forma completa à Regra.

Entrementes chega o Capítulo de 1222, durante o qual as tensões não se apagam; pelo contrário, crescem. Francisco, embora não mais à frente da Ordem, num impulso de sabor evangélico reassume a sua posição: embora desde 1215 o Concílio tivesse proibido novas Regras impondo a adoção das existentes, aqueles textos antigos e veneráveis não podem conter o fogo que o Espírito acendeu e mantém vivo nele. Por isso não quer ouvir falar disso. Está consciente de que recebeu do Senhor uma nova forma de vida religiosa e daqui não volta atrás.

Alguns ministros e o próprio Hugolino o convidam a aceitar sem mais uma das antigas Regras para monges ou para cônegos regulares, as de São Bento, Santo Agostinho e São Bernardo, como havia feito Domingos de Gusmão. Certamente, precisará viver um texto antigo com uma nova inspiração, mas também com ordem. Entre estes conselheiros estão frades doutos, que esperam e pedem a Hugolino que Francisco se deixe às vezes guiar por eles, compreenda que os tempos já mudaram e que um crescimento como o que a Ordem conhece seja enfrentado de maneira diferente. Além disso, não poucos lhe recordam que a teologia e o direito conduzem a um sistema bem ordenado, ao passo que uma tal indeterminação pode com o tempo revelar-se perigosa.

Quantas coisas Francisco ouve; sua cabeça quase explode. Gostaria de voltar a viver com alegria "entre pessoas insignificantes e desprezadas, entre os pobres, fracos, enfermos, leprosos e os que mendigam pela rua"[91]. Enquanto pensamentos e emoções se acotovelam nele, Francisco percebe que a atmosfera se torna sempre mais carregada de tensão e são urgentes um gesto e uma palavra que abram um caminho novo. E depois de ter escutado o Cardeal Hugolino, faz um gesto totalmente insólito. Em silêncio o toma pela mão e o conduz diante dos frades, aos quais diz com voz clara:

> Meus irmãos, meus irmãos, Deus chamou-me pela via da humildade e mostrou-me a via da simplicidade: não quero que me

---

91 *Regra não bulada*, cap. IX, 2; FFC, p. 130.

mencioneis regra alguma, nem a de Santo Agostinho nem a de São Bernardo nem a de São Bento. E disse-me o Senhor que queria que eu fosse um novo louco no mundo; e Deus não quis conduzir-nos por outra via, a não ser por esta ciência; mas Deus há de confundir-vos por vossa ciência e sabedoria. Mas eu confio nos carrascos do Senhor, porque por meio deles vos há de punir, e ainda voltareis ao vosso estado, ao vosso vitupério, quer queirais quer não"[92].

O cardeal e o Capítulo permanecem estupefatos e emudecidos diante do grito de Francisco. Compreendem donde vem este grito: da sua vida, que fala justamente aquela língua e não outras. Em Francisco, aquilo que ele diz é uma coisa só com aquilo que ele vive, sem sombra de dúvida. Por isso ninguém ousa contradizê-lo, pelo menos publicamente. O encontro termina com decisões importantes, mas aquela tensão em torno da Regra, mais ou menos aplacada, continua.

A reação de Francisco após este Capítulo consiste em percorrer povoados e cidades, pregar muito e com força. É como se respondesse com a vida itinerante e pobre à tensão que quase o divide interiormente. O anúncio sempre paradoxal do Evangelho o reconduz realmente ao início da sua vocação. Talvez por isso é difícil segui-lo neste tempo, breve mas intensíssimo. Como sempre, Francisco "mostra" com sua vida a tensão que o perpassa, o Evangelho que o devora.

---

92 *Compilação de Assis*, 18; FFC, p. 621.

A azáfama sobre a Regra de 1221 continua, mas o tempo urge; não se pode esperar por mais tempo. Por isso, a certa altura, Francisco aceita retirar-se para chegar com mais concentração ao texto definitivo, no prazo do Capítulo que ocorrerá no Pentecostes de 1223.

Por isso procura um tempo de solidão, de oração e de reflexão. No início daquele ano prefere mais uma vez subir a um monte, Fonte Colombo, próximo de Rieti, com alguns companheiros, entre os quais frei Leão e frei Bonízio de Bolonha.

Quando o grupo chega aos pés do monte Rainério, seu antigo topônimo, a parada é alegrada pela pequena fonte que brota da rocha. Observando-a, Francisco recorda que justamente ali havia visto pombas bebendo e como que brincando alegremente; por isso havia chamado aquele lugar de "fonte das pombas" ("fonte delle colombe"). E sorri. Enfrentam a ladeira, embora suave, em silêncio. Os pés descalços de Francisco abrem espaço entre as pedras e as folhas de um outono precoce. Seu rosto parece talvez cansado, certamente preocupado. Ele sabe que é árdua e decisiva a tarefa que o aguarda. Como sempre, não revela aos companheiros sua perturbação interior; mas, iluminando-se, começa a cantar em francês, quase a meia voz. Os outros são contagiados por sua alegria e os seus passos parecem tornar-se mais leves, protegidos pela sombra das azinheiras e alegrados pelo pipilar dos pássaros.

Finalmente chegam ao destino. Os irmãos que ali vivem, no pequeno imóvel dos monges de Farfa, pujante abadia beneditina no início da Sabina, os acolhem com alegria. Francisco se dirige diretamente à pequena capela de Santa Maria, que lhe recorda a da Porciúncula. E ali reza em silêncio. Logo depois a mesa simples os congrega a todos e finalmente se concedem um pouco de repouso. Em seguida Francisco inspeciona o lugar sozinho, desce pelo lado esquerdo da capela e, abrindo caminho entre ramos e pedras, chega por fim a uma fenda natural na rocha, à qual desce, rasgando um pouco a túnica. Acomoda-se naquela caverna muito estreita, que o acolhe como se fosse um regaço. Dali, depois de ter-se habituado à luz que filtra dos ramos e das folhas das árvores que a circundam, pode enxergar o cume do Terminillo, imerso num céu cristalino. Vislumbra também os muros e as torres da cidade de Rieti, que já conhece. Aquele ambiente lhe é familiar. Fazia tempo que não encontrava um tão tranquilo, e isto lhe permite entregar-se logo ao silêncio e à oração. Olha ao redor e vê como construir uma choupana, para permanecer ali sozinho, embora saiba que os irmãos não lhe permitirão. Sorri consigo mesmo por causa do afeto deles e da sua ternura de mães.

Ouve a voz de frei Leão, o amigo que o chama para a oração da tarde. Enquanto sobe novamente com calma pelo bosque, se vê regozijando-se intimamente: não procurou um escritório ou um ambiente protegido, porque sabe que só permanecendo fiel aos seus irmãos e a uma vida simples e pobre, porque voltada para o Senhor, pode dar uma alma à Regra, que quer ser vida e não mera garantia jurídica. Finalmente ele pode relaxar um pouco.

A oração das vésperas enche a pequena capela. O Cristo bizantino que o olha da minúscula abside parece tranquilizá-lo. Francisco se deixa levar pelos salmos, recitados em reto tom e com calma. *In te, Domine, speravi, non confundar in aeternum*: ele põe com fé nas mãos de seu Senhor o que está vivendo e sabe que não será confundido ou perturbado em excesso, porque no centro não está o seu êxito nem o seu valor como fundador, mas a vida segundo o Evangelho que recebeu do Senhor.

A partir daquela tarde inicia um tempo de oração e de jejum, durante o qual se retira por algumas horas para aquela cavernazinha situada abaixo e depois se senta com os irmãos e trabalha com eles na redação agora definitiva da Regra. O principal está feito; mas agora releem o texto, o burilam, escolhem as citações da Escritura, prestam atenção ao texto latino, para que seja harmonioso mesmo em sua simplicidade. Os juristas acrescentam as referências às fontes do direito. Em tudo isto Francisco acompanha geralmente em silêncio o trabalho atento e minucioso, mas está presente, todos o sabem e o sentem. Quando finalmente se exprime, é para que não falte naquele texto, em parte jurídico e muito enxuto, o que para ele constitui o centro da vida e da Regra dos frades menores: viver segundo a "forma do santo Evangelho". E, então, em algumas passagens, introduz não só algumas palavras típicas suas, mas sobretudo o seu espírito, a sua inquietude, o seu fogo, que nem o latim e a perícia dos juristas conseguem esconder, mas que, pelo contrário, o texto trai pela interrupção do *cursus* – o estilo formal e solene com que são redigidos os documentos oficiais – com a irrupção de um termo mais modesto, a referência que é claramente sua.

O caminho que leva ao texto definitivo é muito difícil de reconstruir nas diversas passagens e escavações que exigiu. Francisco põe nisso suas energias mesmo naqueles dias de paz; mas são também muitas as pressões que sofre, inclusive incompreensões e recusas. Alguns gostariam de largar mão daquela Regra e adotar uma outra.

Apesar de tudo, ele mantém firme o leme e mostra o caminho, ainda que de maneira diferente do que teria desejado. Conserva na Regra a opção de observar e viver o Evangelho, sem tocar o dinheiro, para viver livre. Em outros pontos deve ceder, mediar, abrandar, e sofre com isso, mas na certeza de que o Senhor lhe mostrou e abriu um caminho novo, também quando teme ter-se enganado ou iludido. De resto, não é por amor próprio que defende aquele caminho; pelo contrário, sempre quis que os textos normativos fossem discutidos coletivamente e soube tantas vezes vencer o amor próprio a fim de ouvir as opiniões dos outros.

Francisco desce do monte em direção à planície e, atravessando a planície de Rieti, sobe de novo os montes e depois se encontra novamente no vale de Espoleto. Costeia Espoleto e depois Foligno, percorrendo mais uma vez os caminhos de sua juventude inquieta. Como Francisco é diferente agora, e no entanto reencontra em si a mesma fagulha que o inspira e o move. Tem pouco mais de quarenta anos, o corpo claudica um pouco; mas seu coração permaneceu o mesmo desde então.

Pelo caminho fala com os irmãos, preparando o Capítulo de Pentecostes daquele ano de 1223. Quando chegam à Porciúncula, muitos frades já haviam chegado e o acolhem festivamente. Vários são mais cautelosos e se preparam para uma passagem que sabem ser decisiva, para a qual se organizaram. A assembleia lê, discute, revê e finalmente aprova o texto. Todos querem chegar ao fim daquele percurso; urge ter uma Regra. Por isso, terminado o Capítulo, o texto já concluído e aprovado pelos frades é imediatamente apresentado à cúria romana, que o revê, até que o ancião papa Honório III o aprova no Latrão com a bula *Solet annuere* de 29 de novembro do mesmo ano. Conhecemo-lo com o nome de *Regra bulada*.

É o fim de um tormento, porque finalmente a Regra não é mais apenas um escrito de Francisco que contém a sua opinião. Agora ela é assumida como própria pela Igreja, que a confia novamente a Francisco e aos seus irmãos, como palavra autorizada e definitiva. Mas é também o início de um conflito de interpretações que atravessará tempos e lugares diversos; por um lado, uma palavra decisiva e, por outro, aberta ao confronto constante com a vida, os tempos e os lugares diversos nos quais os irmãos vivem. Tudo isso, no entanto, mantendo viva a pequena chama do Evangelho que Francisco recebeu e ainda quer deixar arder.

Em Greccio: uma manjedoura e as tochas

Depois de a Regra ser finalmente entregue à aprovação da Igreja, obtida ao preço de tantas tensões, Francisco sente que precisa de um tempo de paz. Em dezembro convoca os companheiros que estão com ele, Leão e Bonízio, e lhes diz: "Vamos a Greccio, o pequeno vilarejo que me recorda tanto a pobreza de Jesus. Deixemo-nos acolher por suas grutas no bosque, envolver por seus perfumes e pelo silêncio que é tão sereno. A vista do lago e do vale nos consolará".

Põem-se a caminho e, chegados mais uma vez ao vale de Rieti, prosseguem decididos e se desviam para a abadia de São Pastor, acima de Contigliano, povoado que Francisco já conhece por ter permanecido num eremitério, Santo Eutíquio. Após uma parada junto aos monges, acolhidos pelo abade, sobem novamente em direção ao povoado de Greccio, amado por Francisco por ser um "ninho de pobreza".

"O Senhor vos dê a paz!" – repete frei Francisco entrando finalmente em Greccio, como havia feito em tantos povoados e cidades.

Algumas mulheres e crianças vão ao seu encontro, o reconhecem e o acolhem com efusão porque se sentem compreendidas por ele. Fazem o mesmo também alguns homens, que interrompem seu trabalho por um momento: encontram-se ali o ferreiro, o revendedor, as mulheres que vão ao tanque de lavar roupa e às compras, o artesão, o curtidor de peles, as pessoas que enchiam as praças daquele tempo. Francisco saúda a todos e tem uma palavra para cada um. É a hora que precede o pôr-do-sol e ele gostaria de dirigir-se às grutas, mas as pessoas o retêm no povoado e lhe dão hospitalidade numa casa junto com os seus companheiros.

Então Francisco se encontra calmamente com João Velita, o senhor de Greccio, com o qual combinara pouco tempo antes celebrar o Natal justamente nos bosques acima do povoado. João havia disponibilizado a Francisco e aos seus o uso daquele lugar e está muito comovido e feliz por poder participar com ele da celebração do Natal, que naquele ano seria muito peculiar.

No dia seguinte Francisco convida a todos e os estimula a subir até a gruta acima do povoado. A noite de Natal já está próxima. Pede que levem tochas e sobretudo muita alegria para encher de canto e de luz a escuridão. Todos percebem que frei Francisco está ainda mais luminoso do que de costume e se perguntam por quê. Não sabem das tensões que ele viveu, as quais finalmente parecem dissolver-se por um momento naquele Natal especial.

Representar o nascimento de Jesus é prática difusa naquele tempo, nas paróquias e também nas catedrais. Verdadeiras representações sacras, com personagens, trajes e partes recitadas e cantadas. Alguns lamentam que a noite de Natal transforme os lugares de culto em teatros e não veem com bons olhos estes "espetáculos". Mas a devoção popular ignora esta rigidez sentenciosa.

Mas em Greccio Franscisco não tem o conjunto de elementos para organizar uma representação destas e todos se perguntam o que ele pretende fazer. Uma curiosidade crescente se difunde no pequeno povoado. Até que, pelo fim da tarde de 24 de dezembro, perto do anoitecer, vê-se em torno da gruta todo um movimento de pessoas: um boi e um burro são levados até o lugar dos frades, alguns camponeses carregam feixes de feno e depois há um vaivém de irmãos que chegam e se dirigem ao lugar escolhido, levando o que é necessário para a celebração da missa da meia-noite.

Às onze da noite os frades começam a cantar os salmos, preparando-se para viver o Natal naquela humilde gruta na metade da encosta. Alguns permanecem fora a fim de iluminar o caminho para os que chegam aos poucos subindo a ladeira através do bosque, pisando a erva molhada e as pedras. O ar é frio, a neve dos dias anteriores não foi abundante, mas está congelada e exige atenção enquanto se caminha. Alguns sussurram, perguntando-se: "Por que subir lá em cima nesta noite, quando existe a igreja no povoado?" Outros respondem que lá está Francisco, aquele homem de Deus que já conheceram, e que com sua presença tudo assume uma luz diferente, um calor único, e isso vale a pena! Existem os que caminham devotamente, os que vão por curiosidade, os que se cansam ao subir e os que caminham velozes, impulsionados pelo próprio passo. É a humanidade real que segue frei Francisco, porque através dele intui o sabor da vida, da vida verdadeira.

Finalmente, pouco antes da meia-noite, entra Francisco, com os paramento diaconais, em seguida o sacerdote celebrante que oficia a missa da noite. Seu sorriso é amplo como o horizonte ensolarado do vale lá embaixo o é à plena luz do dia. Todo o seu corpo estremece naquele momento: pondo entre parênteses as preocupações com sua fraternidade, inicia com todos os participantes a celebração da Noite santa.

Primeiro são introduzidos na cavidade da rocha o boi e o burro, que são dispostos sobre o feno estendido no espaço apertado. A cena recorda ao vivo a pobreza e os desconfortos nos quais Jesus nasceu e é justamente isto que Francisco quer ver, o que quer recordar, para vivê-lo e saboreá-lo naquela noite, com os seus irmãos e com aquelas pessoas simples. Ali é preparado, sobre uma rocha saliente, o pequeno altar móvel. "Fazei isto em memória de mim", dirá o sacerdote e Francisco já o está fazendo diante de uma rocha nua coberta de feno. O oficiante inicia a missa com voz sonora. A simplicidade do lugar e das suas condições leva os presentes a sentirem uma alegria desconhecida. Por isso o glória é cantado por todos com entusiasmo e o Evangelho do nascimento de Cristo ressoa com força particular, porque parece quase participar do que ocorreu doze séculos antes em Belém, e que em Greccio agora se renova.

A Eucaristia celebrada em torno do presépio manifesta a presença humilde de Deus entre nós em Cristo, como também nos leprosos, nos sacerdotes pobrezinhos, nos irmãos. O presépio de Greccio é como Belém: renova-se cada vez que alguém se abre, na fé, à vinda do Senhor, tanto na própria casa como no lugar mais pobre e remoto.

Naquela noite de Natal tudo é simples, próximo, essencial, verdadeiro. A pequena multidão reunida ecoa os pastores que na Noite santa se haviam aglomerado diante da gruta. O Menino está nos olhos de Francisco e de todos, mas não se vê, não há nenhum simulacro. Com efeito, não há necessidade de um menino para recordar Jesus, e nem mesmo de uma imagem, porque a fé de frei Francisco o desperta na vida de muitos. Em certo sentido, anotará um frade biógrafo algum tempo depois[93], é o que acontece em muitos corações, nos quais o pequeno Jesus jaz invisível, porque esquecido.

Francisco canta o Evangelho e depois prega. Fala do Menino de Belém com tanta ternura que toca as profundezas de cada um dos presentes. Todos eles ouvem as suas palavras eloquentes, enamoradas, que, junto com as expressões de seu rosto, certamente devem ter levado a constatar o quanto o matrimônio entre pobreza e felicidade é fecundo: aqui e agora, na noite que os envolve naquele monte e na absoluta escassez de meios, podem ver e quase tocar que não é necessária nenhuma riqueza, nenhum aparato para aderir à loucura franciscana. Nada falta a quem está com Cristo e com o Evangelho.

Ao terminar a celebração Francisco permanece na gruta, segurado por aquela presença invisível e extraordinariamente intensa. Também os frades e as pessoas continuam ali por um tempo e depois começam a deixar a gruta e a montanha, iluminando a noite com suas tochas e com a fé que neles se reacendeu com força.

Mais tarde Francisco confidencia aos seus o desejo de que no dia do Natal todos joguem trigo e outros cereais pelos caminhos, em torno das cidades e dos castelos, para que as irmãs cotovias e os outros pássaros tenham o que comer num dia tão solene. E que, por reverência para com o Filho de Deus depositado naquela noite pela Virgem Maria numa manjedoura, todos os que tiverem um boi ou um asno sejam obrigados a fornecer-lhes generosamente boas forragens. E

---

[93] Tomás de CELANO. *Primeira vida*, livro I, cap. XXX, 86; FFC, p. 191.

também que, neste dia, todos os pobres sejam saciados pelos ricos com ótimos alimentos[94].

Um fogo sobre o monte

Francisco, agora livre dos negócios da Ordem, cuja gestão foi confiada a frei Elias, e tendo entregue aos seus a Regra definitiva, pode entregar-se inteiramente à pregação itinerante, acompanhado dos irmãos mais íntimos.

Após a pausa de Greccio, Francisco volta a percorrer os caminhos que o levam para o meio das pessoas, a fim de "mostrar" a todos o Evangelho, primeiro com a vida e depois com a palavra. A Regra já foi aprovada e ele pode ficar mais tranquilo, embora certo dia confidencie a frei Leão, que o acompanha sempre, a ideia de inserir nela uma frase que declare explicitamente que o verdadeiro ministro geral da Ordem é o Espírito Santo, que pousa igualmente sobre o pobre, o simples[95]. Frei Leão lhe deixa claro que isso não é possível, porque a Regra já está feita e, seja como for, uma afirmação deste tipo seria difícil de inserir; mas essa palavra continua sendo uma memória preciosa da liberdade do Evangelho.

Francisco mantém assim certa distância dos frades e aumenta os períodos de permanência em eremitérios da Itália central, como os de Rieti, Narni, Le Carceri em Assis, Mon-

---

94 *Espelho da perfeição (maior)*, parte XI, cap. 114; FFC, p. 803.
95 Tomás de CELANO. *Segunda vida*, livro II, cap. CXLV, 193; FFC, p. 309-310.

tecasale e Le Celle de Cortona: uma verdadeira geografia do Espírito.

Mas, mesmo permanecendo afastado dos irmãos, chegam até ele muitas vozes sobre a mudança progressiva e às vezes veloz da sua fraternidade. Com efeito, aumenta o número dos clérigos e dos sacerdotes que entram na Ordem e assim dos homens doutos, e isso muda a maneira de sentir a inspiração evangélica. Francisco venera os teólogos que administram as "palavras odoríferas" do Senhor, mas sabe que é um tipo de ciência que leva a esquecer, se não a perder, a simplicidade evangélica. Nos breves textos de admoestação aos frades ele o põe bem em evidência:

> São mortos pela letra aqueles que somente desejam conhecer as palavras para serem considerados mais sábios entre os outros e poderem adquirir grandes riquezas, para dá-las aos parentes e amigos.
> São também mortos pela letra aqueles religiosos que não querem seguir o espírito da divina escritura, mas apenas desejam conhecer as palavras e interpretá-las aos outros[96].

Francisco não implica com a ciência. Entre o fim de 1223 e o início de 1224 escreverá uma breve carta a frei Antônio, outrora cônego agostiniano em Portugal e convertido pelo encontro com as relíquias dos primeiros frades mártires da

---

96 *Admoestações*, VII, 2-3; FFC, p. 78.

Ordem no Marrocos, até entrar ele próprio entre os frades menores – hoje o veneramos como Santo Antônio de Pádua –, na qual lhe permitirá ensinar a teologia aos frades e aceitará que os frades sejam ordenados sacerdotes, obviamente com o currículo de estudos necessário[97]. O que Francisco temia era a relação com o poder que os livros e o estudo podiam alimentar, muito forte no seu tempo. Outra consequência podia ser a de abandonar o trabalho manual para o sustento normal, deixando de compartilhar a fadiga e o suor do rosto comuns a uma grande parte da população de então. É perspicaz frei Francisco, que se declara "simples e iletrado": ele sabe muito bem que o poder dado pela palavra é muito forte e dissimulado, chegando a tornar-nos hábeis manipuladores. Quem sabe falar bem faz-se notar, se afirma e usa os outros para esse fim. Não era esta a inspiração para permanecer menores, humildes, submissos a toda criatura, como ele queria.

De outras partes fica sabendo que são construídas não mais habitações pobres, mas verdadeiras casas, conventos bem organizados. Entre 1225 e 1226, o último resto da sua vida, numa carta oficial frei Elias assinala a presença de um convento dos menores em Valenciennes, e isto diz muito sobre o grau de veloz monasticização da Ordem.

Na Regra, há pouco aprovada, não estava porventura escrito: "Os irmãos não se apropriem de nada, nem de casa, nem de lugar, nem de coisa alguma. E como peregrinos e

---

[97] *Carta a Santo Antônio*; FFC, p. 84.

forasteiros neste mundo, servindo ao Senhor em pobreza e humildade, peçam esmola com confiança?"[98]

Não se trata apenas de simples posse, como, a seguir, as interpretações da Regra procurarão explicar com voos acrobáticos do pensamento. Trata-se de toda uma vida que é entregue com confiança nas mãos de Deus e por isso renuncia a toda garantia e faz dos irmãos não meros itinerantes, mas homens em permanente busca, que se sentem em casa pelo caminho, entre as pessoas, sobretudo com os mais pobres, e que não se ligam a nada e a ninguém, mas vivem como estrangeiros e recorrem à esmola como os outros pobres[99]. "A esmola é a herança e direito que se deve aos pobres"[100], porque os bens da criação são um dom que vem de Deus e pertencem a todos. Qualquer um que os acumula e não os restitui aos pobres é ladrão, porque sequestra o que é dado para todos.

Eis por que Francisco continua tendo um verdadeiro pavor do dinheiro, que se tornou tão importante e decisivo sobretudo nas cidades de seu tempo. Ele o sabe muito bem, porque havia aprendido às mil maravilhas a multiplicar a pecúnia e esbanjá-la, e que por questões de dinheiro perdeu o pai.

Mas, também nesta perspectiva, ele adota uma atitude tipicamente sua. A respeito dos bens materiais Francisco sempre se distinguiu por uma marca de ironia, de chacota, jogralesca. A partir do despojamento na praça pública de Assis, para continuar com a clamorosa privação dos próprios

---

98 *Regra bulada*, cap. VI, 2-3; FFC, p. 122.
99 *Regra não bulada*, cap. VII, 8; FFC, p. 129.
100 Ibid., cap. IX, 8; FFC, p. 130.

míseros haveres em favor de quem é ainda mais indigente, aquele que com razão será chamado Pobrezinho quer que se manifeste algo que não é só a privação das comodidades: é verdadeira liberdade, liberdade alegre que não se apega a nada. Por isso Francisco é um pobre que canta, que ri, que conquista com uma alegria genuína.

No Capítulo de junho de 1224 é organizada a missão para a Inglaterra e isto consola o coração de Francisco, muito consciente de que a vocação recebida do Senhor se destina ao mundo inteiro, para além de todas as fronteiras, e não para uma pequena parte do mundo.

É neste período, quando o verão é iminente, que Francisco sente crescer em si o desejo de subir a um alto monte, desta vez o Casentino. Já conhecia o Monte Alverne, pelo menos há mais de dez anos, e ali se sentia em casa. Foi o proprietário daqueles territórios, o conde Orlando de Chiusi, depois de tê-lo ouvido pregar e ter ficado muito impressionado, quem lhe indicou e até lhe deu aquele "monte devotíssimo"; assim o havia definido, para que pudesse retirar-se para ele todas as vezes que quisesse[101]. Francisco havia aceitado aquela doação, visto que era difícil considerar um monte uma propriedade rentável.

Adverte veementemente que é chamado a refugiar-se lá em cima, como que para distanciar-se ainda mais de tantas tensões. Certamente, tem agora mais de quarenta anos e parece mais velho do que a idade indica. Está fraco e sofre

---

101 *I Fioretti. Dos sacrossantos estigmas*, primeira consideração; FFC, p. 1150.

de distúrbios estomacais, presumivelmente no fígado, e de problemas de vista, que o afligem desde a viagem ao Oriente, de modo que enfrentar a brusca subida ao penhasco calcáreo que culmina no monte Penna não lhe é fácil. Mas está disposto a enfrentar também aquela fadiga, como se um chamado interior muito profundo o atraísse.

Fala sobre isso com os companheiros, que procuram dissuadi-lo, mas não há nada a fazer. Francisco está determinado: subirão esse esporão de rocha coberto por um bosque muito denso, que convida a concentrar-se. Naquele mês de agosto de 1224 ele se põe a caminho do Alverne. O percurso parece mais longo, por causa do calor e da fadiga com que Francisco avança, como se carregasse muitos pesos, mas todos mantêm o ritmo encorajando-se uns aos outros. Sabem muito bem por que o seu irmão parece distante e ocupado com outras coisas, mas preferem não falar sobre isso para não tornar mais pesado o fardo. Procuram de preferência carregá-lo com ele em silêncio. Intuem talvez que existe nele alguma coisa, uma espécie de expectativa indizível.

Os companheiros enxergam muito bem. Desta vez o caminho é realmente para Francisco uma subida, não apenas física. Ele traz consigo o fardo das oposições, da rejeição e também da hipocrisia de diversos frades, que diante dele são muito comedidos, mas pelas costas falam mal dele. Na realidade, ele conserva dentro de si uma ferida mais profunda, que vem de uma pergunta: "Quem sou eu? O que eu quis realmente? Tudo o que realizei é apenas fruto das minhas fantasias, embora santas? Conheço-me realmente?" É atormentado, e com isto retorna o rumor surdo e contínuo da sua inquietude, e do mesmo modo também o sabor um pouco amargo do permanecer isolado e solitário em relação aos seus.

Enquanto sobe, rezando, vem-lhe ao encontro uma outra pergunta, entrelaçada com a primeira, como aprendeu desde quando era jovem, mas que agora a compreende melhor: "Quem és tu, Senhor?" Mas já na escola dos leprosos havia aprendido que se tratava de uma única pergunta, a pergunta sobre o ser humano e sobre Deus: "fazer misericórdia" e recebê-la deles lhe havia mudado a vida. E mais, havia invertido sua ideia acerca do próprio Deus. Dera-lhe a conhecer um Deus humilde e de rosto humano, que no Natal precedente Francisco quis contemplar com seus olhos em Greccio, no "Deus humanado". Olha para trás, para sua vida, e reconhece a presença do Cristo crucificado, que o acompanhou: sabe-se lá para onde, para que coisa? Ele não o sabe, mas agora deseja entrar na dor de Cristo, não para si, mas para poder tocar o seu amor, que salva doando-se por inteiro. Só por este caminho, reflete Francisco, poderá dar um sentido completo aos sofrimentos físicos e sobretudo morais que está atravessando.

Se os irmãos estão desatentos acerca do sentido evangélico da sua vocação e isto o atormenta, a recordação de Cristo o consola e o convida a olhar para mais longe.

Com este desejo que cresce dentro dele, às vezes de modo quase angustiante, chega com os companheiros perto do cume que ele já conhece. Estão satisfeitos por terem chegado e poderem respirar o ar rarefeito daquele canto da montanha, que tem um clima próprio. As rochas parecem, por um lado, acomodar-se e proteger com as suas cavidades e, por outro, expõem ao vento e ao sol. Francisco sente que naquele lugar existe uma espécie de corrente de amor e de dor que perpassa também a criação.

Francisco escolhe para si um lugar afastado, tanto que para chegar até lá precisam ajudá-lo a preparar uma passagem. Não permite a ninguém chegar até ele sem antes dar um sinal. Penetra no bosque, atravessa os espaços que as rochas deixam vazios, toca-os com suas mãos longas e rachadas. Pediu que lhe fizessem "uma pobre celazinha ao pé de uma faia belíssima"[102], nada mais do que uma choupana, e ali passa o tempo a rezar. Nada mais parece falar-lhe e fazê-lo sobressaltar-se, mas lentamente começa a sentir que a vida volta a fluir nele. Vive ao mesmo tempo sofrimento e amor, escuridão e claridade diáfana. Gostaria de sair, mas no diálogo com Deus reencontra as trevas e a luz de tantos anos antes diante do Crucifixo de São Damião, quando ainda estava só e em busca de respostas, no já longínquo ano de 1206: quanto lhe haviam falado, no silêncio do coração, aqueles olhos profundos. Quando, mais tarde, havia vestido a rústica túnica dos camponeses, desejou que recordasse a forma de uma cruz para estar como que imerso, com sua frágil carne, naquele misto de sofrimento humano e de glória.

Francisco lembra como esta alternância sempre o acompanhou ao longo dos anos. Para ele, crer em Deus nunca foi óbvio, mas sim fruto de uma luta entre o próprio eu, que

---

[102] *I Fioretti. Dos sacrossantos estigmas,* segunda consideração; FFC, p. 1153.

está sempre no centro de tudo, e o amor de Deus, que abriu sempre mais espaço para si na sua vida. A oração se tornou tão importante para ele porque a relação com seu Senhor sempre o foi. Queria conhecer realmente a si mesmo: que enigma havia sido sobretudo para si! E queria ser tocado pelo Senhor, e assim conhecê-lo e ser conhecido por Ele: para isso havia deixado consumir sua vida.

Francisco reza sempre, sem parar. Une-se aos outros frades e participa da Eucaristia todos os dias quando lhe é possível. De resto, deseja permanecer só e não permite a ninguém aproximar-se, a não ser por volta do pôr-do-sol para a oração da tarde e para comer alguma coisa.

Reza com os salmos, ao ponto de sabê-los de cor; procura espaços de silêncio e ali permanece de bom grado. Abandona-se à conversação íntima com Deus, que é o segredo mais profundo de uma vida que se passa dentro e não fora dele.

Sua oração é feita mais de silêncio do que de palavras, mais de expectativa do que de posse pacífica. É também uma luta, recheada de inquietude e busca constante; caminho entre sombra e luz; sede inexaurível e saciedade nunca satisfeita; grito e canto; ansiedade e paz. O jejum que a acompanha é um sinal e um apoio para esta luta incessante.

O tempo passado no monte não é um tempo qualquer. Agora o diálogo de Francisco consigo mesmo e com Deus se torna mais intenso, às vezes até mesmo dramático. É como se toda a carga que traz consigo se concentrasse, junto com a promessa de um novo encontro.

Por isso o silêncio que o envolve se torna sempre mais profundo. Para os companheiros soa quase como um vazio que ribomba; mas para Francisco, pelo contrário, é um regaço no qual invoca e espera algo novo.

Assim transcorrem os dias, até passar o mês de agosto com sua canícula, atenuada naquele monte, e setembro anunciar a suavidade do clima já outonal, quando ocorrem as amadas festas da Exaltação da Santa Cruz e de São Miguel, das quais Francisco é muito devoto. No período que vai da festa da Assunção, 15 de agosto, até a de São Miguel, 29 de setembro, ele pratica a "quaresma de São Miguel", jejua e reza. Neste clima Francisco renova um gesto que lhe é tão familiar: tomar o livro dos Evangelhos, depô-lo devotamente sobre o altar preparado no eremitério e permanecer em prolongada oração. Pede ao Senhor que lhe manifeste o que lhe agrada. Recorda com um sorriso o dia longínquo em que, com Bernardo e Pedro, havia feito o mesmo gesto na igreja de São Nicolau em Assis. Ali começara tudo e agora Francisco retornava ao Evangelho, que era seu regaço e o seu recomeço contínuo. Depois abre por três vezes o livro e ouve as três passagens que se apresentam, enquanto um companheiro as lê para ele: são aquelas que predizem a paixão de Cristo, as tribulações dos seus discípulos, a dor do Senhor na sua morte. Francisco sabia que seguir os passos de Cristo pobre tem um preço, o do amor, e agora isso é confirmado[103].

Os dias transcorrem lentos e em Francisco a oração se torna sempre mais uma alternância entre estupefação e te-

---

103 Tomás de CELANO. *Primeira vida*, livro II, cap. II, 93: FFC, p. 194.

mor diante do Cristo pregado na cruz e, sobretudo, diante de seu amor revelado sobre aquele lenho. Alternam-se nele alegria, júbilo abundante e dor, amor e compaixão pelos sofrimentos de Cristo[104].

Francisco encontra diversas passagens que lhe falam da Paixão e, quando estes sentimentos são nele mais profundos, ocorre o inexplicável. Por volta do dia 14 de setembro sua oração abre seu olhar para reconhecer de maneira nova o rosto de Cristo e o seu coração, e para sentir em si a sua dor e o seu amor ao mesmo tempo. Não pode compreender – ninguém poderia – e se abandona a esta escuridão cheia de claridade diáfana, renuncia a pôr limites a tudo que experimenta. A força débil da sua fé e do seu diálogo com o Senhor lhe permite vê-lo com o olhar da estupefação e da compaixão, e conhecê-lo de maneira nova. E, em seguida, conhecer a si mesmo como nunca antes.

Despojado de tudo, não só da fraternidade, mas também de si mesmo, até mesmo de seu modo de rezar e de entregar-se ao mistério, está agarrado, preso e ferido, de uma maneira indizível, em sua própria carne. A paixão de Cristo, de quem deseja conhecer a acerba dor[105], deixa sinais em seu corpo, porque o amor nunca passa em vão. Ele é marcado pela dor e pela alegria ao mesmo tempo. É a Páscoa de Cristo que se imprime na sua vida e na sua carne. Justamente enquanto contempla o seu Senhor, e não consegue descobrir o sentido daquilo que está vivendo, Francisco é visitado. A

---

104 Ibid., cap. III, 94; FFC, p. 195.
105 Ibid.

obra de Deus é vivida antes de ser pensada, é posta em prática antes de ser discutida. Agora Francisco chegou a uma prova de maturidade interior: precisa entregar também sua própria fé e oração, que ele não consegue mais controlar.

Apenas frei Leão é testemunha deste momento por alguns instantes. A discrição de Francisco será inviolável, até o fim. O segredo de qualquer amor se cobre com um véu, não se desfralda, nem é utilizado para mostrar-se. O beijo do amado permanece oculto e por isso seu sabor é mais intenso. Ele esconde um mistério, conhecido somente por Deus. Por isso Francisco não precisa de elogios, porque a marca do amor o assinala para sempre[106]. Estigmas? Os pósteros discutirão sobre eles, mas para Francisco não interessa, ele não tem nada a ostentar, é uma questão entre ele e o Cristo crucificado. O que é certo é que, daquele momento em diante, seu corpo trará as marcas sangrentas deste encontro. E definitivamente, como anotará Tomás de Celano, "estava longe de gloriar-se, a não ser na cruz do Senhor"[107].

Antes de retornar para junto dos companheiros, Francisco enche os pulmões de ar que sabe ser do céu, do musgo e da relva molhada. Céu e terra juntos. Entre os raios de sol e a penumbra das faias que alongam os braços sobre sua túnica, ele permanece ferido e estupefato, finalmente feliz e cheio de expectativa. É sempre ele mesmo, mas é novo: está inquieto porque sabe que o caminho prossegue e está tam-

---

106 Ibid., cap. I, 90; FFC, p. 193.
107 Tomás de CELANO. *Segunda vida*, livro II, CLIV, 203; FFC, p. 313.

bém pacificado como quem, depois de ter procurado, sabe que encontrou enfim o tesouro.

Agora ele só pode agradecer e bendizer, a Deus e aos homens. E o faz. Com efeito, entrega a frei Leão uma pequena carta com uma oração, onde repete sempre e somente um Vós, aquele do Altíssimo:

> Vós sois santo, Senhor Deus único, que fazeis maravilhas. [...] Vós sois amor, caridade; vós sois sabedoria, vos sois humildade, vós sois paciência, vós sois beleza [...]. Vos sois[108].

Ele, Francisco, se encontra naquele Vós, ao qual não pode dar um nome apenas, mas muitos.

Com este canto de gratidão, retoma o caminho como peregrino também de sua Ordem, rico de uma presença fiel e inexaurível, que agora começa a conhecer de maneira nova, no seu amor e na sua dor, na sua proximidade e na sua distância.

---

108 *Bilhete a frei Leão. Louvores a Deus*, 1 e 4; FFC, p. 83.

Capítulo 8

A caminho da Páscoa

Cego na luz

Certas coisas compensam. A ferida que agora marca o corpo e a vida de Francisco sangra, não só fisicamente. Se, por um lado, o que aconteceu no monte o apaziguou, por outro, lhe faz sentir o perigo de parar, quase de acomodar-se, como se tivesse alcançado o objetivo. Ele sabe muito bem que não é assim. Responde não deixando que se apague a fagulha do Evangelho. Por isso continua centrado na relação com Deus, em oração e meditação, e na presença entre as pessoas, sobretudo os pobres. Assim, nos meses que se seguem ao Alverne, vemo-lo retomar o caminho e pregar entre a Úmbria e as Marcas.

Mas agora é um homem muito doente. Os irmãos que o acompanham de um povoado a outro lamentam. Percebem que o mal dos olhos, de que sofre desde que voltou do Egito, piora inexoravelmente, levando-o à cegueira. As feridas que o marcam tornam quase impossível caminhar sozinho. Outros males o assediam, como que dando corpo à sua inquietude, à sua busca, à tensão que o mantém sempre vigilante.

Certo dia, enquanto se detiveram num povoado próximo de Assis, frei Leão, em nome dos outros, lhe diz: "Francisco, precisas de uma pausa, não podes continuar o caminho, estás mal. Estamos próximos de Assis. Entremos na cidade e vamos a São Damião, onde a senhora Clara e as suas irmãs te esperam para cuidar de ti". Segue-se um silêncio prolongado. Leão fica um pouco tenso e os outros que estavam com ele suplicam a Francisco com poucas e aflitas palavras. Finalmente, alguns dias depois, como que despertando de um sono, Francisco, sentindo o afeto dos irmãos e, reconhecendo sua condição, exclama: "Está bem, vamos!" Todos estão muito contentes, já não esperavam esta decisão, e o passo se torna mais veloz rumo à doce colina do mosteiro.

Quando chegam e tocam a campainha, Clara chega imediatamente com outras irmãs, os acolhem efusivamente quase incrédulas e contentes que Francisco esteja ali, com elas. Já haviam preparado uma choupana ao lado da igrejinha, no começo do jardim circundante. Dois companheiros permanecem com ele. Agora Francisco pode entregar-se à oração, só perturbada pelas dores nos olhos e pelo vaivém de ratos que, sobretudo à noite, parecem tão gulosos das suas pobres carnes. É como um sinal dos sofrimentos que o afligem, físicos e outros. Recordam-lhe esses sofrimentos, junto com o fato de não dispor mais de si mesmo, que agora ele é "súdito e submisso a todos os homens que há no mundo, e não somente aos homens, mas também a todos os animais e feras, para que possam fazer dele o que quiserem, tanto quanto lhes for permitido do alto pelo Senhor"[109]. Não é esta, porventura, a verdadeira e perfeita obediência que torna a pessoa abandonada, liberta da animosidade de quem quer controlar tudo e todos?

Os irmãos cuidam dele da melhor maneira que podem e as irmãs, embora encerradas na clausura, lhe fazem sentir toda a sua proximidade. Francisco o sabe e com o afeto delas chega a ele também a fidelidade, obstinada, de Clara e das outras: elas vivem segundo a forma do Evangelho e não pedem acordos e comentários, enquanto os seus frades continuam trazendo-lhe de fora as posições diferentes, muitas vezes opostas, dos outros membros da Ordem a respeito da Regra e da sua interpretação. Para o Pobrezinho, as irmãs são a consolação e a esperança mais forte.

Os dias transcorrem lentos e sofridos. Francisco é atribulado e confortado ao mesmo tempo. O cuidado que recebe de Clara e das irmãs, embora tão discreto, o faz sentir a própria mão de Deus que pousa sobre ele e o protege. A recordação de tudo o que viveu em São Damião o visita com doçura e o faz rever fragmentos da sua aventura, que ele percorre novamente de bom grado, deixando-se transportar por ela.

Numa manhã fria daquela primavera de 1225, depois de uma noite mais difícil do que as outras, o coração de Francisco, restaurado pela pausa, se abre ao canto. Justamente quando a primeira luz da manhã invade a choupana de ramos, ele percebe – quase "vê", embora já cego – que exatamente no meio da labuta da vida afirma-se um mundo

---

[109] *Saudação às virtudes*, 16-18; FFC, p. 141.

finalmente novo. É a boa criação de Deus; não aquela de que o homem abusa, destruindo-a, mas aquela da qual aprende a cuidar, reconhecendo nela a marca do Criador.

Percebe mais próximo o cuidado do Senhor e isto provoca nele uma alegria que não sentia há muito tempo[110]. Então, embora pouco depois do alvorecer, chama frei Leão e lhe diz num arroubo: "Por isso, para o seu louvor, para nossa consolação e para a edificação do próximo, quero compor novo Louvor do Senhor pelas suas criaturas"[111].

A luz que naquela manhã se acendeu nele é tão viva que ele se confia à voz das criaturas, à beleza luminosa do sol, da lua e das estrelas, à diversidade dos quatro elementos, "ar", água, fogo e "mãe terra". Os olhos de frei Francisco, agora ofuscados, veem o universo através da luz da Páscoa de Cristo, na qual tudo é redimido e pacificado. Agora este homem frágil sabe que a criação, com a vida e a história dos homens, está pronta para ser entregue ao Pai. É aqui que se dissolvem as últimas escórias das suas resistências e animosidades, também para com os seus irmãos.

> Altíssimo, onipotente, bom Senhor,
> teus são o louvor, a glória e a honra e toda bênção.
> Somente a ti, ó Altíssimo, eles convêm,
> e homem algum é digno de mencionar-te.
> Louvado sejas, meu Senhor, com todas as tuas criaturas,

---
110 *Compilação de Assis*, 83; FFC, p. 661s.
111 Ibid.; FFC, p. 662.

> especialmente o senhor irmão sol,
> o qual é dia, e por ele nos iluminas.
> Ele é belo e radiante com grande esplendor,
> de ti, Altíssimo traz o significado.
> Louvado sejas, meu Senhor, pela irmã lua e pelas estrelas,
> no céu as formaste claras e preciosas e belas[112].

Agora Francisco vê tudo de maneira diferente e diz aos irmãos e às irmãs: "Todos nós somos como que cegos, e o Senhor por estas duas criaturas ilumina nossos olhos. Sejamos com elas hóspedes do mundo desejado por Deus e não senhores. Vivamos cheios de gratidão por todas as coisas e permaneçamos na paz".

Francisco escreveu estas palavras para todos e por isso as conclui com um convite ao louvor e as confia aos frades "jograis do Senhor", para que as levem ao mundo inteiro[113]. Está tão contente que manda chamar frei Pacífico – um frade que está com ele desde os primeiros tempos, o qual no mundo, antes de converter-se, era chamado "rei dos versos" devido à fama conquistada como cantor profano, a tal ponto que foi o próprio imperador Frederico quem o coroou como tal – para mandá-lo pôr em música aquelas estrofes e anunciá-las a todos. A viagem daquelas palavras cheias de luz ainda não terminou, e nem mesmo Francisco podia tê-lo um dia imaginado.

---

112 *Cântico do irmão sol*, 1-5; FFC, p. 82.
113 *Compilação de Assis*, 83; FFC, p. 662.

A veia do canto não se esgota nele por causa da grande alegria que o invade. E então dita algumas palavras com melodia, como que para consolar as pobres senhoras do mosteiro de São Damiano, sobretudo porque sabe que estão muito tristes por causa da sua enfermidade. Ele não pode visitá-las por causa dos seus males e por isso confia aos seus companheiros um canto ritmado[114], que atesta seu amor por elas e toda sua estima pela vida delas:

> Ouvi, pobrezinhas, pelo Senhor chamadas,
> que de muitas partes e províncias sois congregadas:
> vivei sempre em verdade,
> para que em obediência morrais.
> Não olheis para a vida exterior,
> pois aquela do espírito é melhor.
> Eu vos peço, com grande amor,
> que tenhais discrição a respeito das esmolas
> que vos dá o Senhor.
> Aquelas que estão atormentadas por enfermidade
> e as outras que por elas sofrem fadigas,
> todas vós, suportai-as em paz,
> pois vendereis muito caro esta fadiga,
> visto que cada uma será rainha
> no céu, coroada com a Virgem Maria[115].

Clara e as irmãs ouvem o canto e não podem acreditar em seus ouvidos. O seu irmão, embora costumeiramente

---

[114] Ibid., 85; FFC, p. 664.
[115] *Ouvi, pobrezinhas*; FFC, p. 144.

longínquo, não só compreende, mas demonstra sentir correr em suas próprias veias a forma de vida à qual o Senhor as chamou e que elas salvaguardam ciosamente. Aquele canto a descreve maravilhosamente; é mais do que uma regra, é inspiração, respiração, beijo, vida. Com o canto Francisco promete às irmãs que elas o verão novamente. Não diz quando e como, mas de alguma maneira confirma aquela solidariedade, aquela intimidade, aquela fraternidade que nunca havia sido posta em dúvida nem por ele nem por Clara. Se os acontecimentos da vida tivessem simplesmente embaçado aquele vínculo, agora o teriam reencontrado intato e ampliado.

Esta pausa de luz não livra Francisco dos seus sofrimentos. Frei Elias insiste até convencê-lo a ir a Rieti para curar os olhos doentes. Ele sobe novamente para Fonte Colombo, nas proximidades da pequena casa dos beneditinos. Aqui o médico do papa, presente na cidade, afirma que é preciso cauterizar o nervo ótico desde o maxilar até a sobrancelha. Executa a operação com um ferro em brasa. Os companheiros ficam aterrorizados e fogem, enquanto Francisco agradece ao "irmão fogo" por seu esplendor e lhe pede que sua força não lhe cause mal. Também ele sabe o que é o medo.

Não sabemos como decorreu a operação, mas agora Francisco é irmão de todas as criaturas, e as deixa agir. Como naquela vez em que sua túnica pega fogo e ele impede que o apaguem, deixando que a consuma. "Caríssimo irmão, não faças mal ao fogo!", exclama ao irmão que acorre[116]. Qual é o segredo de tanta mansidão louca?

---

116 *Compilação de Assis,* 86; FFC, p. 666.

A operação, no entanto, não surte nenhum efeito, como os seus companheiros logo podem verificar, e então o transportam para as proximidades da igrejinha de São Fabiano, fora de Rieti, para um período de convalescença. Testam todas as possibilidades e um outro cirurgião chega a lhe perfurar as orelhas. Tanta dor e nenhum resultado. Parece que aquele corpo não reage mais, a tal ponto está descuidado e entregue.

Em tudo isto Francisco se preocupa com os outros. Quer que o médico que veio para curá-lo seja muito bem alimentado, mas lhe respondem: "'Pai, com vergonha dizemos que somos tão pobres que agora nos envergonhamos de convidá-lo para comer'. São Francisco disse a seus companheiros: 'Homens de pouca fé, não me façais dizer mais [nada]'". O médico, que era muito rico e que anteriormente, embora convidado, nunca quis comer com os frades, desta vez disse que, justamente por serem tão pobres, aceitaria de bom grado. E, enquanto preparavam o pobre jantar, bateu à porta uma mulher que trazia como presente um cesto cheio de comida[117].

Em São Fabiano são hóspedes do sacerdote, que vê sua vinha pisoteada por tantos que vêm visitar Francisco. Ele tira dela seu sustento, e por isso está contrariado por estas presenças que a devastam. Os frades se sentem embaraçados, mas Francisco sorri e recomenda não temer, porque todas as criaturas são irmãs e também uma vinha com pouca uva pode dar muito fruto, como o sacerdote vivenciará no outono que já bate à porta. Com efeito, quando chega a hora da vindima, enquanto os pés pisoteiam os poucos

---

117 *Espelho da perfeição (maior)*, parte X, cap. 110; FFC, p. 801.

cachos de uva sobreviventes ao extermínio, flui tanto suco que deixa todos surpresos[118].

Passado o inverno, os irmãos decidem partir para Sena, onde médicos ilustres poderão cuidar de Francisco. A viagem é longa e para ele muito penosa. Transpõem os montes da Sabina, descem e sobem várias vezes até atingir o Tibre abaixo de Magliano, e finalmente enveredam pela via Cássia, que parte da Ponte Mílvia, em Roma. Aqui os acompanhantes podem ver um panorama agora vedado aos olhos doentes de Francisco: suaves colinas, clareiras ricas em trigo e gado, fileiras de videiras e de árvores, povoados e castelos próximos e distantes. Durante o caminho Francisco manda o grupo parar, porque reconhece o lugar no qual anos antes se encontrara com um pobre e havia pedido que o companheiro lhe desse manto, ou melhor, que lho restituísse, porque eles o traziam apenas de empréstimo até encontrarem alguém mais pobre. O Pobrezinho de Assis sorri consigo mesmo, recordando a decepção do irmão que não queria dá-lo, não por egoísmo, mas para proteger a ele, e que o ouviu chamar de ladrão quem retém para si algo diante de alguém mais necessitado[119]. Será que aquele irmão compreendeu depois?

Finalmente chegam a Chiusi, a antiga cidade romana, encruzilhada da planície fértil, e daqui, por antigas estradas etruscas, chegam a Sena, a altiva cidade rica de torres e de portões, de comércios e política. Levam-no ao lugar dos fra-

---

118 Id., cap. 104; FFC, p. 796s.
119 Tomás de CELANO. *Segunda vida*, livro II, cap. LIV, 87; FFC, p. 263.

des, às margens da cidade, onde uma choupana simples é arrumada para ele. É o fim de abril de 1226.

Certo dia visita-o um homem abastado que se chama senhor Boaventura. Foi ele quem deu aos frades aquele terreno e se entretém de bom grado com Francisco, ao qual pergunta depois se aquele lugar lhe agrada e como deveriam ser os domicílios dos frades. Talvez estivesse preocupado com o bem-estar de seu hóspede ou esperasse um comentário grato, mas a resposta o deixa pensativo, porque Francisco lhe dá a entender que para os seus ele não quer grandes igrejas e casas, mas pequenos locais, a partir dos quais podem depois ir pregar, com a permissão do bispo, nas grandes igrejas que já existem na cidade e manter para si aquele pouco que basta para viver[120]. O amigo dos frades fica muito perplexo e com dificuldade intui o sentido profundo daquelas palavras.

Algumas tardes depois, enquanto esperavam que os médicos se pronunciassem sobre novos tratamentos, na mesma cela Francisco sente subitamente violentas ânsias de vômito, causadas pela doença abdominal. A tensão excessiva, que durou toda a noite, provoca uma prolongada perda de sangue. Os irmãos o rodeiam e agora temem por sua vida, e também por si mesmos, porque ele é seu guia, e sabem que, se forem privados dele, tudo seria mais difícil.

Falam-lhe com o coração na mão, quase gritando: "Pai, o que faremos? Abençoa-nos a nós e aos teus demais irmãos. Além disso, deixa a teus irmãos alguma recordação de tua vontade para que, se o Senhor quiser chamar-te deste

---

120 *Compilação de Assis*, 58; FFC, p. 641.

mundo, teus irmãos sempre possam dizer e o tenham na memória: Em sua morte, nosso pai deixou a seus filhos e irmãos estas palavras"[121].

Parece que Francisco já tinha pensado nisto, porque os surpreende dizendo imediatamente, embora com fadiga: "Chamai-me frei Benedito de Piratro". É um frade sacerdote que às vezes celebrou para ele a missa naquela mesma cela. Quando o vê entrar, Francisco se alegra muito, porque o conhece já de longa data. Confia nele e por isso pode ditar-lhe sem interrupção poucas palavras:

> Escreve que abençoo a todos os meus irmãos que estão na Ordem e os que hão de vir até o fim do mundo... Visto que por causa da minha fraqueza e do sofrimento de minha enfermidade não consigo falar, de modo breve exponho para meus irmãos nestas três palavras a minha vontade, a saber, que em sinal da memória de minha bênção e de meu testamento sempre se amem uns aos outros, sempre amem e observem nossa senhora, a santa pobreza, e sempre se mantenham fiéis e submissos aos prelados e a todos os clérigos da santa mãe Igreja"[122].

Concluído o ditado, Francisco não tem mais energias e se abandona em seu leito, como que esperando a morte, que

---

121 Id., 59; FFC, p. 643.
122 *Testamento de Sena*; FFC, p. 145.

sente próxima. Viveu uma vida inteira, resumida agora em poucas palavras, cheias de fogo.

Rumo à Porciúncula

Pouco depois ouve um vozerio inesperado fora da cela e de repente alguém entra, se aproxima dele e lhe acaricia o rosto e o levanta junto a si. Francisco o toca de leve e imediatamente o reconhece: é frei Elias que ele chama de "sua mãe". Veio de longe assim que pôde, e desde este momento Francisco começa a sentir-se melhor, porque a amizade é o melhor remédio. Em poucos dias se recupera a tal ponto que consegue deixar Sena e dirigir-se com Elias até Le Celle, perto de Cortona, um lugar belo e tranquilo ao sopé do monte Egídio. Francisco chegara àquela cidade pela primeira vez em 1211, junto com frei Silvestre, e havia conhecido e amado aquele eremitério.

A trégua do mal dura pouco, porque apenas uns poucos dias depois sua barriga incha, as pernas e os pés se enrijecem e quase não consegue mais comer por causa das condições do seu estômago.

Francisco compreende que sua hora está chegando e se entrega a esta última passagem: aceita a morte, que talvez pela primeira vez, só em seu íntimo, começa a chamar de "irmã" porque, criatura como as outras, como ele, não tem a última palavra e lhe abre uma outra porta.

É hora de voltar para casa. Já estamos em junho de 1226 e Francisco pede a frei Elias para ser levado novamente à

Porciúncula, o berço da sua fraternidade. Ali quer morrer e ser sepultado. Frei Elias o acompanha pessoalmente nessa última viagem, apoiando pela última vez aquele que tanto caminhou e que agora não consegue ver mais nada.

O trajeto o enfraquece ainda mais e depois o calor insuportável obriga a transferi-lo para Bagnara, localidade mais fresca imersa entre os montes perto de Nocera Umbra, onde recentemente os frades tinham uma nova casa.

Apesar das condições melhores, seu corpo começa a inchar por causa da retenção hídrica e a sua situação física se agrava. O mal tomou conta dele e o consome lentamente, por um lado, e com tremores imprevistos, por outro.

A cidade natal inteira parece aguardá-lo e, como muito tempo antes o havia escarnecido e rejeitado, agora manifesta uma alegria incontível por causa de seu retorno. Não querem deixar a outros aquele tesouro, sobretudo para a rival Perúgia. Estas e tantas outras emoções o cercam, mas Francisco está alhures, aguarda sua irmã e vai ao encontro de seu Amigo.

Conduzem-no ao palácio do bispo, que agora é um outro Guido, sucessor do homônimo que o havia acolhido sob sua proteção (e que a tradição historiográfica coeva designou como *secundus* para evidenciar a distinção entre os dois personagens). Atravessa o mesmo arco donde havia saído no dia em que havia devolvido tudo ao pai. Uma dor aguda o sacode com aquela recordação. Causara sofrimento ao pai e também à mãe. Agora ele o compreende. Também eles haviam pago o preço da sua loucura e, no fundo, haviam caminhado com ele de outra maneira.

Acomodam-no na parte baixa do palácio, onde os frades o assistem. Consegue apenas ouvir as vozes de quem o saúda, sentir o contato de quem o acaricia e o toca, reconhecer as presenças amigas e também as de quem não pensava mais encontrar.

As forças o abandonam rapidamente e o mal – ou melhor, os diversos males que tem – o consomem. Os frades e os outros que o conhecem estão surpresos, porque, seja como for, a sua mente está vigilante e presente.

Mas cada dia ele se parece mais com aquele que "retém em seu coração os bens que o Senhor lhe revela e os mostra aos outros através do agir" e aos poucos se torna cada vez mais silencioso[123]. Seu trabalho agora consiste unicamente em deixar-se a abraçar pela paz, sorrir para a luz que não vê, estar presente aos seus irmãos, ouvir ainda aquela inquietação que nele é como um riacho que flui tranquilo, e amar até o fim.

Num daqueles dias sua saúde parece piorar e os frades reparam que ele não come. Imploram-lhe de todas as maneiras, sem obter resposta. Pouco depois Francisco diz, da maneira mais inesperada para todos: "Não tenho vontade de comer; mas, se tivesse o peixe que se chama esqualo ou lixa talvez comeria". Era como se dissesse que permaneceria ainda em jejum – pensaram, desanimados, os frades. Pouco depois entra no palácio alguém com um grande cesto, gritando: "Onde está frei Francisco?" Frei Leão se aproxima dele e, antes mesmo de falar, "apareceu alguém trazendo um cesto no qual havia três grandes esqualos, bem preparados,

---

123 *Admoestações*, XXI; FFC, p. 80.

e bolinhos de camarão, que o santo pai comia com prazer. Isso era enviado por frei Geraldo, ministro de Rieti"[124].

Francisco fica muito contente e degusta um pouco daquele presente, que mitiga pelo menos um pouco as suas dores com o calor da amizade. E não só. Quer também que os irmãos o alegrem com as suas vozes, cantando para ele as estrofes do *Cântico do irmão Sol*, ao qual acrescenta, justamente no palácio do bispo, uma nova estrofe. Foi-lhe relatado o conflito que causa divisão entre o *podestà* [prefeito] da cidade e o pastor, por causa de algumas propriedades disputadas. Francisco o sabe e manda os frades cantarem para os contendentes as novas palavras, que ele escreveu propositalmente para eles:

> Louvado sejas, meu Senhor,
> por aqueles que perdoam pelo teu amor,
> e suportam enfermidade e tribulação.
> Bem-aventurados aqueles que as suportarem em paz
> porque por ti, Altíssimo serão coroados[125].

Destas palavras de paz precisam também os seus irmãos, que continuam a discutir sobre a Regra e sua interpretação. O que está em jogo é sempre a mesma coisa: o cerne daquela sua escolha de vida e o modo de entendê-lo e de vivê-lo. Diversos frades nunca deixaram de pedir a Francisco que fizes-

---

124 *Espelho da perfeição (maior)*, parte X, cap. 111; FFC, p. 801.
125 *Cântico do irmão Sol*, 10-11; FFC, p. 82s.

se ouvir novamente a sua voz e interviesse, também punindo se necessário. Ele sempre respondeu que não foi chamado para ser um algoz dos seus irmãos, mas para mostrar-lhes o Evangelho mediante sua vida. Se a alegria do Evangelho não os muda, poderá talvez ele pretender mudá-los? Entretanto, também agora que sua existência está chegando ao fim, sente que deve fazer alguma coisa.

Naqueles dias amadurece em seu interior uma palavra que resume a sua vida.

Francisco, que é o rei dos gestos, apela para a sua história, desde os inícios. Enquanto a percorre mais uma vez, repara que é esta a palavra que precisa dizer aos frades, e não repetir ideias e recomendações, pois sabe que não adianta. Recontar uma história, a sua história, na qual reencontra a inquietude e a ansiedade de viver o Evangelho, que não é uma ideia. Chama imediatamente frei Leão para ditar-lhe um texto: o seu *Testamento*. Quer junto a si também outros companheiros, em primeiro lugar Bernardo, com quem mais compartilhou o seu percurso espiritual.

A presença deles o ajuda a recontar aos irmãos de hoje e aos futuros o caminho da sua vida. Sua memória se dirige a alguns momentos, concisos e por isso decisivos, nos quais experimentou que foi o próprio Senhor que o tomou pela mão e lhe abriu novos caminhos. A primeira recordação é a do encontro com os leprosos, a fonte da sua conversão. Foi graças a eles que aprendeu a não ter medo do pecado próprio e dos outros, a partir daquele dos sacerdotes, e a entrar nas igrejas podendo reconhecer finalmente o rosto humilde de Deus no Crucificado. O dom dos irmãos retorna vivo no seu interior como uma golfada de água fresca: sem eles, o que poderia ter feito, ou mesmo ser? Confirmando-lhe que o seu caminho era compartilhável, de certa forma o revelaram a ele mesmo. Irmãos com os quais viveu sem nada de próprio, entregues à Providência, próximos dos pobres e dos marginalizados, enviados a anunciar a todos a paz, como irmãos e menores.

Francisco recorda e admoesta os seus a viver como o Senhor lhe revelou e não segundo sua "prudência humana", a de quem acerta as contas sem Deus. Por isso lhes pede: "Cuidem os irmãos para não receber de modo algum igrejas, pequenas habitações pobrezinhas e tudo que for construído para eles, se não estiver como convém à santa pobreza que prometemos na regra, hospedando-se nelas sempre como *forasteiros e peregrinos*"[126].

Francisco insiste sempre de novo neste ponto, embora saiba que muitos frades já não o suportam mais justamente por isso e o consideram afastado da realidade. Ele, no entanto, sabe que ali se decide a vida deles, com simplicidade. Está se dirigindo aos poucos presentes, mas seu olhar provavelmente vê uma multidão de frades que se aglomeram em todos os lugares e em todos os tempos. Serão a herança de Francisco? Não, de preferência aqueles que de várias maneiras enveredaram pelo caminho que o Crucificado o fez abrir.

Gostaria talvez de dizer aos seus companheiros: "Se somos livres de coisas a defender a todo custo, podemos ir pelo

---

[126] *Testamento*, 24; FFC, p. 142.

mundo e dizer a todos que só Deus é bom e ama os seus pobres, diante dos quais só podemos não nos envergonhar quando somos mais pobres do que eles". Mas deve poupar a voz para algumas frases essenciais que lhe resta pronunciar.

Pede-lhes uma vida entregue aos irmãos, onde se aprenda a confiar no outro e a entregar livremente a própria vontade na obediência recíproca.

E então, recolhendo suas poucas forças, parece quase ditar gritando as palavras seguintes: "E não digam os irmãos: 'Esta é outra regra'; porque esta é uma recordação, uma admoestação, uma exortação e o meu testamento que eu, frei Francisco pequenino, faço para vós, meus irmãos benditos, para que observemos mais catolicamente a regra que prometemos ao Senhor"[127].

Francisco apenas ditou a sua genuína autobiografia, a memória da sua experiência cristã, a palavra cheia de paixão para recordar a todos o Evangelho, nada mais que o Evangelho, que é Jesus Cristo. Deixa-o escrito para recordar aos irmãos que o Evangelho é a medula da Regra, que eles não são chamados a uma missão ou outra, nem mesmo a defender a Igreja e a sociedade cristã, ou a converter príncipes e infiéis. A verdadeira alegria está alhures, num percurso impensável para o ser humano e também para ele, frei Francisco: um caminho que inverte as expectativas humanas e faz enveredar pelo caminho de Cristo humilhado e dócil.

Do "fazer misericórdia" com os leprosos do início, até aquele momento em que precisa restituir a Deus sua própria

---

[127] Ibid., 34; FFC, p. 143.

fraternidade sem apossar-se dela, morre nele agora o último desejo de uma glória a conquistar. Deve finalmente restituir estes irmãos a Deus, a Deus que os deu a ele, e deixá-los livres para movimentar-se. Mas não sem recordar-lhes a tensão pelo Evangelho e a inquietude que será sempre necessária para não perder a liberdade que transforma o amargor em doçura e a dor em regozijo.

Uma irmã diferente das outras

Agora é o anoitecer no bispado e Francisco está só por alguns momentos, enquanto os frades lavam as faixas de linho que envolvem suas chagas nos membros e no tórax. São as faixas que a irmã Clara teceu para ele, o seu carinho sobre seu corpo ferido. Assim observa também os grandes calçados de pano que cobrem seus pés doloridos e que foram também cosidos por ela.

Lamenta por toda aquela movimentação a que os seus irmãos estão obrigados, não gostaria nunca de dar trabalho a alguém. O que não fizeram para aliviar os seus sofrimentos, estar próximos de sua solidão de doente, lavá-lo e obrigá-lo a comer alguma coisa, rezando com ele e lendo-lhe o breviário e o Evangelho!

Àquela altura, na paz do anoitecer, Francisco sente que a "irmã Morte" está para chegar realmente. Quem lhe diz isto não são só as forças que o abandonam, mas uma espécie de paz que o impregna e lhe faz ver e sentir as coisas a partir de outro lugar. Manda imediatamente chamar frei Elias, para dizer-lhe que quer ir até a Porciúncula. É, com efeito, naquela casa de Maria e dos Anjos que ele quer morrer.

No palácio do bispo ouve-se então um rumor de vozes e um rebuliço de passos para cá e para lá. Alguns querem impedir a saída, temendo que o corpo seja surripiado. Que permaneça na sua cidade e não vá para aquela planície alagadiça! Não se exponha a perigos, a estrada do campo não é segura! Outros, sobretudo os companheiros, recordam o quanto Francisco ama aquele lugar e pedem que seu último desejo seja satisfeito.

Finalmente, diante da determinação do próprio Francisco, todos cedem. Os frades preparam imediatamente uma maca, sabendo que ele não poderia cavalgar por causa do agravamento da doença. Forma-se um cortejo, com grande escolta de soldados para defendê-lo. Por todos aqueles anos Francisco impediu que o considerassem um santo, mas agora... Saem da cidade costeando a abadia de São Pedro e começam a descer a colina, chegando perto do hospital. A esta altura ele próprio os manda parar, quer voltar-se pela última vez para a sua cidade, que não consegue mais enxergar. Os olhos estão cobertos com uma faixa, mas ele consegue levantar-se um pouco sobre a maca e abençoar Assis, último ato de amor para com aquela que sempre continuara sendo a sua pátria.

Lentamente chegam à Porciúncula e imediatamente o acomodam com cuidado numa choupana de ramos encostada num muro atrás da igrejinha. "Finalmente estou em casa", pensa ele, "aqui onde tudo começou". E sorri, estendendo-se sobre o leito. Os frades o cercam, mas agora Francisco sabe que está só, sabe que está preparado.

Nos dias seguintes todos reparam uma coisa que lhes parece estranha. Embora aniquilado pelas doenças, Francisco se mostra um homem alegre, e alguns ficam perturbados com isso. Ele sorri até o fim!

Francisco intui isto e não se importa; pelo contrário, diz ao companheiro que o assiste: "O fim já é iminente. Chamem-me frei Ângelo e frei Leão, a fim de que cantem para mim sobre a irmã Morte".

Os dois frades chegam. Cheios de dor como estão, devem cantar? Estão confusos, mas nunca recusaram nada ao caro irmão. Por isso, embora entre lágrimas, começam a cantar o *Cântico do irmão sol* e das outras criaturas do Senhor, composto pelo próprio Francisco durante a sua doença. Ele acompanha o canto sorrindo e como que sustentando o ritmo com o movimento lento, mas regular, das mãos. Em certo momento, com um aceno das mãos, os manda parar. Eles não compreendem o porquê; já estão no fim do canto. Antes da última estrofe, Francisco repete mais uma vez aquelas palavras de louvor, que havia composto pouco antes, quando se encontrava no palácio do bispo de Assis, dizendo com entusiasmo: "Bem-vinda seja a minha irmã morte!"[128] São palavras que o tocam no íntimo naquele momento:

> Louvado sejas meu Senhor,
> pela irmã nossa, a morte corporal,
> da qual nenhum homem vivente pode escapar.

---

128 *Compilação de Assis*, 100; FFC, p. 676.

> Ai daqueles que morrerem em pecado mortal:
> bem-aventurados os que ela encontrar na tua santíssima vontade,
> porque a morte segunda não lhes fará mal[129].

Os companheiros não conseguem conter o pranto enquanto ele canta esta nova estrofe e não compreendem a paz que veem no rosto do moribundo.

Nestes momentos muitos querem ver frei Francisco e saudá-lo pela última vez, mas os frades resguardam a sua paz. Quando percebem um certo alvoroço fora do cercado da área reservada aos frades, onde estão as celas – na prática, choupanas –, saem para ver do que se trata, e se encontram diante de uma pequena caravana, na qual se destaca a senhora Jacoba de Settesoli, a nobre romana que era amiga de Francisco há muitos anos, desde os tempos do leprosário romano em São Cosimato. Há pouco Francisco lhe escrevera porque desejava vê-la e saudá-la.

Os frades sabem o quanto Jacoba é importante para ele, desde muitos anos, mas não podem introduzi-la no recinto, porque é uma mulher.

Enquanto falam entre si, alguém dos mais próximos de Francisco corre até ele e a anuncia. Por isso, ouvem, fraca e sofredora, mas resoluta, a voz de Francisco: "Não existe clausura para frei Jacoba!" Por isso a deixam entrar. Ela traz justamente o que ele lhe pedira: os panos e os círios para sua sepultura e os docinhos romanos feitos com mel, de que ele tanto gostava. É, de algum modo, uma alegre e grata despe-

---
[129] *Cântico do irmão sol*, 12-13; FFC, p. 83.

dida do irmão corpo, talvez um pouco demais para alguns, mas para Francisco a vida é bela também quando termina. Ele não quer morrer dando um espetáculo, nem mesmo como todos esperariam de um santo em vida. Morre como homem, como procurou viver. Morre como pequeno, como último, como sempre desejou tornar-se.

Francisco sabe: está prestes a morrer. Seu pensamento se volta para São Damião e percebe dentro de si toda a gratidão pela fidelidade impregnada de amor de Clara e das suas irmãs. Chama para junto de si Leão e, com um fio de voz, dita sua última vontade para as Damas pobres, que a conservarão ciosamente, inserindo-a na Regra:

> Eu, frei Francisco pequenino, quero seguir a vida e a pobreza de nosso altíssimo Senhor Jesus Cristo e de sua Mãe santíssima e perseverar nela até ao fim; e rogo-vos, senhoras minhas, e dou-vos o conselho para que vivais sempre nesta santíssima vida e pobreza. E estai muito atentas para, de maneira alguma, nunca vos afastardes dela por doutrina ou conselho de alguém[130].

Francisco não morre sozinho. Estão ali com ele os companheiros, está frei Jacoba e, embora a certa distância, estão Clara e as suas irmãs. Muitos estão fora do recinto.

Aos irmãos que o cercam manda oferecer um pedacinho de pão, sinal de amor por eles e entre eles. Gostaria também

---

130 *Última vontade escrita para Santa Clara*; FFC, p. 143.

de lavar-lhes os pés, mas não o consegue. Olha para eles e, com uma expressão carregada de amor, diz que viveu com eles e para eles.

No entanto, frei Francisco sabe que cada um de nós morre sozinho. Talvez por isso quer estar livre também da sua pobre túnica, desgastada, e das calças. Quer estar leve, como naquele dia diante do pai no palácio episcopal e como no Alverne, quando o Senhor o visitou misteriosamente.

Em voz baixa, reza um salmo. Os companheiros se achegam para compreender o que ele diz e captam apenas algumas palavras: "Senhor, escuta minha oração... falta-me o fôlego... estou diante de ti como a terra sedenta... faze-me ouvir o teu amor, porque em ti confio". Eles ouvem o eco da sua luta e do seu abandono e rezam com ele.

Levantam-se por um momento e lhe deixam um pouco de ar, para não sufocá-lo. Naquele momento ouvem um farfalhar de asas, um voo em círculos, um redemoinho que parece quase querer entrar na cela, como que para fazer festa. Olham para fora: são as cotovias, as suas amigas. Estão aqui, voando em grandes círculos, sobem e descem velozmente. Parece que querem levar alguém para o alto e ao mesmo tempo deixá-lo aqui.

Os companheiros compreendem. Reentram imediatamente.

Francisco partiu, e permanece com eles.

Posfácio

O desejo da paz

"A loucura do Evangelho não vence os poderes deste mundo". É uma das tantas passagens significativas desse texto que pude ler com gosto, em dias tremendos para a Terra Santa, lacerada mais uma vez por um dos conflitos mais cruéis dos últimos tempos. Infelizmente, parece que não mudou muita coisa nesta Terra desde o tempo em que a visitou o Pobrezinho de Assis: "sei que na Terra Santa, onde nasceu, viveu e morreu o Príncipe da paz, esta não existe, é ferida por todos..." É assim ainda hoje: a paz, de que todos falamos, parece ser a grande estranha deste tempo. E precisaremos de um louco que, como o Pobrezinho de Assis, queira "ir até lá para pregá-la e, se possível, encontrar o sultão do Egito para anunciar-lhe o Evangelho... e anunciar a paz também aqui".

Francisco sabia que provavelmente o Evangelho não mudaria os destinos decididos pelos poderosos do seu mundo; mas, seja como for, teria sido uma semente lançada no coração dos homens, que aos poucos, em tempos e modos que não conhecemos, produziria seu fruto. Porque "o Evangelho é tudo" e " o mundo é nosso, se não nos sobrecarregarmos com pensamentos terrenos. ... É o preço a pagar pela felicidade". Com esta consciência, Francisco foi capaz de transpor as barreiras mentais, antes mesmo das religiosas, políticas ou militares. Não lhe pareceu estranho, portanto, decidir encontrar-se com o sultão, o inimigo a ser eliminado. Com efeito, uma loucura para aqueles tempos, que, no entanto, ainda hoje recordamos e celebramos. Porque aquela que denominamos loucura é, no fundo, também o desejo que habita o coração de todo ser humano, em todos os tempos: o desejo da paz.

A viagem de Francisco para a Terra Santa, dizia-se, não resolveu nenhum dos problemas políticos do tempo. Mas apontou um método, que ainda hoje é a via mestra para quem deseja construir contextos domésticos de paz, também aqui, hoje, no atormentado e conflituoso Oriente Médio: o encontro. Promover, procurar, construir e proteger o desejo de encontro. No fundo, se pensarmos bem, isso significa viver seriamente o Evangelho, e assumi-lo como critério fundamental para as opções de vida. Como o foi para Francisco.

O sério desejo de encontro comporta necessariamente depositar confiança, dispor-se a dar lugar a uma outra voz além da própria. Não raramente exige também renunciar ou pôr de lado algo de próprio: uma visão, uma opinião, uma expectativa...

Nestes nossos contextos de conflito quase permanente, onde a religião, a política e a identidade nacional se misturam continuamente, criando assim um cipoal quase indestrinçável, encontrar-se requer coragem e loucura. De geração em geração, com efeito, narrativas diversas e opostas umas às outras alimentam a suspeita e a desconfiança recíproca entre os habitantes desta Terra, e cultivam na consciência de muitos o espírito de conquista, de violência, de desprezo por quem é diferente deles. São narrativas que contaminam o coração de muitos, que por causa de tudo isso têm dificuldade de compreender qualquer proposta possível de encontro, e confundem sempre mais a paz com a vitória.

Era o equívoco do tempo de Francisco, e é também o nosso hoje. Talvez não só no Oriente Médio.

Por conseguinte, a paz – a paz verdadeira, a paz construída sobre um sincero desejo de encontro, de acolhida e de fraternidade – requer também necessariamente um caminho de conversão. Trata-se de mudar o próprio modo de pensar, trata-se de libertar o coração do espírito de violência, conquista e desforra. A paz exige também que se concretize nas relações, que se chegue a reconhecer o mal causado e sofrido, coisa nunca fácil e sempre dolorosa. Mas a verdade se torna completa quando encontra também o perdão. Ambos são mutuamente necessários.

Estou cada vez mais convencido de que, neste contexto tão complexo, a vocação e a missão principal da pequena comunidade cristã e, *in primis*, dos filhos de São Francisco, que há séculos aqui habitam, seja precisamente esta: salvaguardar o desejo de encontro, cultivar a liberdade em relação a todos, superar as fronteiras étnicas, religiosas e identitárias de vários tipos, que, embora não escritas no papel, estão no entanto rigidissimamente escritas na consciência destas populações. Exatamente como fez Francisco de Assis. Não se trata de cancelar as próprias pertenças, que, seja como for, são necessárias. Mas se trata de não transformá-las apenas em fortalezas inexpugnáveis, baluartes inacessíveis, guarnições militares a defender.

São muitos os homens e as mulheres de todas as crenças que ainda hoje, também aqui nesta Terra atormentada, são capazes de dar semelhante testemunho. Mas precisamos também do testemunho de uma comunidade que saiba viver, sobretudo em seu interior, e em contextos abertos e compartilhados, esta liberdade ou, para não fugir do tema, esta coragem e loucura, pois são a mesma coisa. E a nossa pequena comunidade cristã, sem poder e politicamente irrelevante, poderia fazer a diferença. É o meu sonho e é a loucura que eu gostaria de compartilhar com toda esta pequena e amada Igreja de Jerusalém.

Com efeito, a diferença cristã não consiste nas nossas forças, nas nossas propriedades, no nosso eventual prestígio. A diferença cristã está nas nossas escolhas de reconciliação, de diálogo, de serviço, de proximidade e de paz. Para nós o outro não é um rival, mas um irmão. Para nós a identidade cristã não é um baluarte a ser defendido, mas uma casa acolhedora e uma porta aberta ao mistério de Deus e do ser humano, onde todos são bem-vindos. Nós, com Cristo, somos para todos.

O Pobrezinho de Assis, há oito séculos, nos mostrou que, seja como for, esta loucura é possível. Cabe a nós, agora, decidir se escolhemos com coragem viver esta loucura evangélica.

Cardeal Pierbattista Pizzaballa, OFM
Patriarca latino de Jerusalém

Agradecimentos

Pela ajuda na tarefa de rever e burilar o texto agradeço a dom Felice Accrocca, à irmã Angela Emanuela, OSC, a Giorgia Cristallini, a frei Cesare Vaiani, OFM.

Bibliografia essencial

A bibliografia sobre São Francisco é incontável. Além disso, o presente livro não pretende tanto ser uma reconstrução histórica e sim uma espécie de "crônica espiritual" dos acontecimentos que acompanharam a vida de Francisco.

Meu ponto de referência habitual foram as *Fontes Franciscanas* (3. ed. italiana. Pádua: Editrici Francescane, 2011). Mas encontrei dicas e ideias em diversas obras de caráter historiográfico, que podem ser úteis também para o leitor que quiser aprofundar-se no protagonista, nos coadjuvantes, nos contextos da época. Elenco-as à maneira de bibliografa sumária.

ACCROCCA, Felice. *Per Francesco e Chiara*. Milão: Biblioteca Francescana, 2016.

BERTIN, Mario. *Francesco*. Roma: Castelvecchi, 2013.

CARDINI, Franco. *Francisco de Assis*. Lisboa: Ed. Presença, 1993.

CHESTERTON, Gilbert K. *São Francisco de Assis*. Rio de Janeiro: Petra, 2021.

DE WOHL, Louis. *Il gioioso mendicante. Vita di Francesco d'Assisi*. Milão: Bur, 2021.

FRUGONI, Chiara. *Una solitudine abitata, Chiara d'Assisi*. Roma-Bari: Laterza, 2006.

FRUGONI, Chiara. *Vita di un uomo: Francesco d'Assisi*. Turim: Einaudi, 2022.

LECLERC, Éloi. *A sabedoria dum pobre*. Braga: Editorial Franciscana, 1983.

LE GOFF, Jacques. *São Francisco de Assis*. 8. ed. Rio de Janeiro: Record, 2007.

MANSELLI, Raoul. *São Francisco*. Petrópolis: Vozes, 1997.

MANSELLI, Raoul. *Tre Conferenze inedite su san Francesco d'Assisi, Milano 1981-1983*. Milão: Biblioteca Francescana, 2018.

MERCURI, Chiara. *Francesco d'Assisi. La storia negata*. Roma-Bari: Laterza, 2016.

MICCOLI, Giovanni. *Francisco de Assis: realidade e memória de uma experiência cristã*. Petrópolis: Vozes-FFB, 2004.

STICCO, Maria. *São Francisco de Assis*. 9. ed. Petrópolis: Vozes, 2010.

VAIANI, Cesare. *Spiritualità fraterna*. Milão: Biblioteca Francescana, 2022.

VAUCHEZ, André. *Francisco de Assis: entre história e memória*. Lisboa: Instituto Piaget, 2013.

Conecte-se conosco:

 facebook.com/editoravozes

 @editoravozes

 @editora_vozes

 youtube.com/editoravozes

 +55 24 2233-9033

www.vozes.com.br

Conheça nossas lojas:

www.livrariavozes.com.br

Belo Horizonte – Brasília – Campinas – Cuiabá – Curitiba
Fortaleza – Juiz de Fora – Petrópolis – Recife – São Paulo

  Vozes de Bolso

EDITORA VOZES LTDA.
Rua Frei Luís, 100 – Centro – Cep 25689-900 – Petrópolis, RJ
Tel.: (24) 2233-9000 – E-mail: vendas@vozes.com.br